가고 싶은
학교 만들기
프로젝트

학교 공간,
어떻게
바꿀 수
있을까?

가고 싶은 학교 만들기 프로젝트

학교 공간,
어떻게
바꿀 수
있을까?

홍경숙 편해문 배성호
이승곤 김태은 이영범 지음

창비

목차

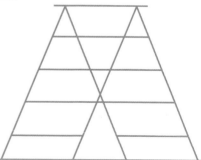

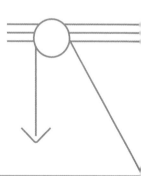

"학교의 주인은 누구인가?" 그리고 "학교 공간은 왜 변해야 하는
가?" 이 두 가지 질문에 대한 답을 찾아가는 과정을 이야기한 이 책
은 교육가로서, 건축가로서, 놀이터 디자이너로서 학교 공간의 변화
를 현장에서 느낀 개개인의 경험을 바탕으로 하고 있다. 우리가 각자
의 경험을 통해 학교 공간의 혁신을 이야기한 이유는, 몸소 겪었다는
사실이 안겨 주는 확실함과 애착은 어떠한 경우에도 쉬이 포기할 수
없는 저마다의 진실이 되기 때문이다.

이 책은 공간 혁신을 향한 새로운 출발점에서 내딛는 첫발이다.
희망을 말하기 위해서는 먼저 현실을 엄정하게 바로 보아야 한다. 우
리 사회는 제도로서의 학교가 왜 변해야 하는지를 잊은 채 어두운 망
각 속에서 지난 한 세기를 보냈다. 긴 복도의 일자형 건물, 똑같은 크
기와 모양의 교실 등으로 획일화된 공간은 학교를 지배하는 교육 이

데올로기의 결과이다. 학교는 교육의 참된 가치를 전하는 공간이기보다 어른들이 만들어 놓은 제도의 틀 안에서 아이들의 생각과 활동을 길들이기 위한 공간이었고, 오랜 세월 그 공간의 중심에 아이들이 없었다.

시민 사회의 힘이 커지고 교육의 민주화가 실현되면서 학교 교육의 변화, 그리고 학교 공간의 혁신을 이야기하는 학생들의 목소리가 점점 커지고 있다. '학교의 주인은 우리'라고 외치는 학생들의 목소리는 어른들의 정수리를 찌르는 뼈아픈 일침이면서, 제도가 만들어 놓은 낡은 틀 안에 갇혀 있던 우리의 삶을 돌이켜 보게 하는 자기 성찰의 맑은 거울이 되었다. 이런 배경을 바탕으로 탄생한 여섯 편의 글은 한 권의 책이기에 앞서 우리 모두의 참회록이며, 아이들이 중심이 되는 더 나은 세상을 만들어 나가기 위한 다짐이기도 하다.

우리는 학교 공간의 작은 변화가 세상을 바꿀 수 있을 거라고 믿는다. 학교는 미래 세대의 주인공인 아이들이 초·중·고등학교의 12년을 보내는 공간이다. 학교가 아이들의 생각을 가두는 제도로서의 공간이 아니라 아이들의 생각이 무럭무럭 자라는, 상상력과 창의성의 화수분 같은 공간이 되기 위해서는 학교 스스로가 변해야 한다. 그리고 물리적 공간의 변화에 앞서 어른들의 생각이 먼저 깨어야 한다. 학교 공간의 혁신을 향한 새로운 출발은 변화를 꿈꾸는 각 개인의 바람을 넘어 사회 구성원 모두의 참여와 소통, 그리고 협력의 여정이어야 한다.

이 책에서 우리가 전하는 이야기의 끝은 어떤 공간이든 그 공간의 주인은 그곳에서 생활하는 사람이어야 한다는 것이다. 우리는 이것을 공간 주권이라고 한다. 공간 주권은 누가 누구에게 주는 것이 아니다. 공간에 대한 권리가 자신의 것이라는 것을 스스로 깨닫고 공간을 바꾸는 과정에 주체로서 참여할 때, 공간 주권은 싹튼다. 학교 공간의 모든 이해 당사자들이 변화를 이끄는 주체로서 함께 공간을 꿈꾸고 가꾸어 낼 때 사람이 참된 주인인 희망의 공간을 만들어 낼 수 있다. 이 책에 담긴 작은 경험과 지혜가 세상의 작은 변화를 꿈꾸는 사람들이 생각의 출발을 다듬는 데 도움이 되길 바란다.

아이들이 밝고 건강하게 자라는 사회가 되기 위해서는 아이들의 성장을 돕고 아이들의 인생을 보조하는 학교 공간이 건강해야 한다. 아이들의 성장기를 함께할 세상의 모든 공간을 더 나은 공간으로 만들기 위해 지금도 삶의 구체적인 현장에서 발 벗고 뛰고 계신 많은 분들께 진심으로 존경하는 마음을 담아 감사 인사를 전하고 싶다. 이 책이 그분들의 헌신과 열정이 지치지 않고 계속해서 이어지는 데 작은 힘을 보탤 수 있었으면 좋겠다.

이 책의 출간에 기대어 저자 모두가 바라는 것이 있다면, 그것은 이 책의 독자들이 학교 공간 혁신의 가치를 아이들의 관점에서 새롭게 발견하고, 아이들이 공간 변화의 주인이라는 목소리에 공감하는 것이다. 이 책을 계기로 각자가 선 자리에서 학생이 주인이 되는 학교 공간 혁신을 지지하고, 서로 격려하며 변화의 과정에 동참하길 바란다.

2019년 6월
저자들을 대표하여 이영범 쓰다.

1부

아이들의 삶에서 시작하는 공간의 변화

 홍경숙 _ 건축 교육가

**아이들의 가능성을 담을 수 있는
학교 공간이 아이들의 삶을
풍요롭게 만듭니다.**

공간 변화의 주인공은 학생

학교는 아이들의 공간

학교는 도시 계획에 의해 위치가 결정되고 인구 대비 적정 범위 내에서 그 규모가 결정된다. 그리고 형태는 실제 용도와 단위 면적, 교육 과정 등에 따라 정해진다. 이렇게 세워진 학교는 학생들을 만나면서 생활 공간으로 변모한다. 아이들은 1교시부터 6교시까지, 또는 방과 후 수업이나 돌봄 교실이 끝날 때까지 학교에 머무른다. 학교는 아이들의 삶의 공간이다.

나는 요즘 여러 학교를 다니고 있다. 그전에는 보통 미술관이나 도서관 등 문화·예술 기관에서 아이들을 만났는데, 거기에서 아이들과 건축 이야기를 하는 것에는 늘 조금씩 아쉬운 점이 있었다. 문화·예술에 대한 교양과 교육을 제공한다는 측면에서는 의미가 있었지만 아이들이 어떤 공간을 마주하는지, 그리고 그 안에서 어떻게 살아가는지를 제대로 이해하기에는 한계가 있었기 때문이다. 그러던 중 전국의 초·중·고등학교들을 방문하며 학생들의 공간에서 학생들로부터 그들이 살아가는 이야기를 직접 들을 수 있게 된 것이다. '어떻게 하면 학교 공간을 변화시킬 수 있을까?' 고민하며 아이들의 이야기를 듣는데, 아이들은 학교에서의 삶에 관한 기억을 저마다 다른 형태로 풀어놓았다. 학교에서의 하루를 그려 보라고 했을 때, 건물이나 장소 등 공간을 중심으로 표현하는 학생들도 있었고, 그날 들었던 소리나 느꼈던 감정, 그리고 그날의 인상적이었던 사물을 중심으로 그려 내는 학생들도 있었다.

아이들은 교문에서 시작해 운동장, 중앙 현관, 계단과 복도를 지나 교실에 다다른다. 아이들이 학교 공간을 어떻게 사용하고 있는가를 살펴보면, 학습, 운동, 휴식 등 어른들이 정한 목적에 따라 공간을 이용하기보다는 자신들의 생활 패턴에 따라 공간에 기능과 역할을 부여하며 유연하게 공간을 쓴다는 것을 알 수 있다. 학교 공간은 마치 이러한 움직임에 맞춰서 변화되기를 기다리고 있는 유기체 같다.

학교 공간은 무척 오랫동안 획일적인 크기와 형태로 만들어졌다. 현재 교실의 넓이나 형태는 내 부모 세대, 또는 내 세대가 학교에 다녔던 시절과 크게 다르지 않다. 선생님의 이야기를 일방적으로 듣는 수업에만 머무르는 것이 아니라 아이들의 참여가 많은 활동적인 수업을 자주 진행하는 요즘에는 교실의 모습도 그에 맞춰 달라졌을 것 같지만 현재의 학교는 예전 그대로다. 그러나 학생 수 감소 등 사회 변화로 인해 학교 공간이 변화해야 한다는 목소리가 높아지고, 학교 공간의 변화를 꾀하는 각계각층의 시도들이 계속 이슈가 되고 있다. 또한 건축 분야에서는 변화하는 교육 과정과 사용자에 맞춘 학교 공간 디자인의 가이드라인을 만들기 위해 연구 중이고, 교육 분야에서는 대한민국 교육 철학의 기조를 세우고 이에 맞추어 학교 공간을 변화하려 연구하고 있다. 이러한 노력들이 학교 현장에서 실현되기까지는 오랜 시간이 걸리겠지만 이는 반드시 추구해야 할, 꼭 필요한 일들이다. 이러한 노력을 기울이는 가운데에 잊지 말아야 할 것이 있다. 학교 공간 변화의 주인공은 학생들이라는 사실이다.

건축가는 종종 내가 살고 있는 집을 내 삶에 맞추고 싶다거나 좀 더 새롭고 쾌적한 환경으로 만들고 싶다는 의뢰를 받는다. 그런 경우 건축가는 의뢰인이 그 공간에서 어떤 상태로 살아가는지 면밀하게 관찰하고 탐색한다. 빈 땅에 집을 짓더라도 그 땅이 어떤 세월을 거쳐 왔는지, 사계절이 지나는 동안 환경이 어떻게 변화하는지 등을 잘 파악해야 한다. 그 공간 안에 사람들이 들어가서 어떤 모습으로 관계 맺고 살아가게 될지를 상상하여 의뢰인을 위한 환경을 구상하는 것이 건축가의 일이다.

이는 학교 현장에서도 마찬가지이다. 그리고 이때에는 학생을 의뢰인 삼아 그들에게 초점을 맞추어 공간을 구상한다. 물론 교사가 학교 공간의 또 다른 사용자라는 것을 인식하는 것도 중요하지만 지금은 아이들에게 초점을 맞추는 것이 우선이다. 아이들을 학교 공간 변화의 중심에 두어야 하는 까닭은 학교가 대표적인 어린이 시설이자 아이들이 하루 중 가장 많은 시간을 보내는 공간이기 때문이다. 또한 아이들을 중심에 둘 때 학교 공간을 변화시키기 위해 움직이는 주체도 확대될 수 있다. 아이들을 위한 학교 공간을 만든다고 하면 건축 의뢰인은 어린이가 될 것인데, 교사는 여기서 그 어떤 외부의 전문가들도 해 줄 수 없는 역할을 수행할 수 있다. 건축가가 아이들이 학교라는 공간에서 어떻게 살아가는지를 제대로 파악하려면 아이들의 이야기는 물론이고 그들과 함께 지내는 교사의 이야기를 들어야 한다. 학교에서 지내는 아이들의 모습과 아이들의 삶이 학교 공간에 어떻게 담겼으면 하는지에 관한 교사의 이야기는 건축가가 공간을 구상하는 데 귀중한 자료가 된다. 아이들의 상황을 누구보다 잘 이해하고 있으며, 아이들이 어떻게 움직이고 활동하는지, 아이들에게 어떤 공간이 필요한지 가장 잘 알고 있는 전문가는 건축가보다 교실 안의 선생님일 것이다.

아이들의 이야기에서 찾는 실마리

건축가가 학생들의 삶과 닮은 학교 공간을 디자인하기 위해서는 지속적인 만남을 통해 그들의 이야기를 들어야 한다. 학생들과 약속된 시간에 만나 계속해서 이야기를 나눌 수 있다면, 즉 이것이 '교육과정'으로 이어진다면 건축가와 학교가 협업할 수 있는 구조가 만들어질 수 있다. 이것이 실현된 좋은 예로 서울안평초등학교를 들 수 있다. 안평초등학교 건축 교육 프로그램은 학부모와 교사의 열의 있는 기획으로 마련된 것으로, 이를 통해 1~2학기 총 16회에 걸쳐 학생들과 만날 수 있었다.

안평초등학교에서 진행한 건축 교육은 학생들이 학교에서 지내면서 가장 기억에 남는 날을 그림일기로 표현하는 활동으로 시작했다. 그림일기는 학생들의 경험에 근거한 순수한 기록이다. 이 기록을 통해 학생들이 학교 공간을 어떻게 인지하는지, 학교 안에서 어떤 모습으로 생활하는지 파악할 수 있다.

안평초등학교의 실내 체육관인 무지개관은 아이들에게 학교에서 지낸 날 가운데 가장 기억나는 하루를 이야기해 보라고 했을 때 자주 등장한 곳이다. 이곳에서는 더운 여름 또는 추운 겨울 등 바깥 활동을 하기 어려운 때에 체육 수업이 진행된다. 세준이라는 학생은 학교에서 지낸 날 가운데 가장 기억에 남는 날로 무지개관에서 친구들과 '플라잉 피구'를 했던 날을 떠올리고, 그날의 한 장면을 그림으로 그렸다. 세준이의 그림에는 사람들이 굉장히 많이 그려져 있었는데, 그날 정말로 무지개관에 사람이 많아서 그렇게 그렸다기보다는 세준이가 무지개관에 대해 갖는 주관적인 이미지를 표현한 것이 아닐까 싶다. 체육 활동을 하러 여러 반이 무지개관에 동시에 들어오는 때가 많다고 하는데, 그런 경우 활동 반경이 넓은 아이들에게는 무지개관이 좁게 느껴졌을 것이다.

먼저 진행한 활동에 이어서 학교 안 장소들이 어떻게 바뀌면 좋을지를 그림으로 표현해 보게 했다. 무지개관 앞쪽에는 무대가 있는데 스무 명 가운데 다섯 명의 학생들이 무지개관을 영화관으로 활용하면 좋겠다는 바람을 드러냈다. 넓은 공간에서 친구들과 편하게 앉아 과자를 먹으면서 영화를 볼 수 있으면 좋겠다는 것이었다. 그런데 그림 속 아이들이 모두 수업을 듣듯이 바른 자세를 하고 영화를 보는 모습으로 표현돼 있었다. 그것을 보면서 '학교 내에서 아이들에게 허용되는 움직임의 범위가 제한적인 것 아닌가?' 하는 생각이 들었다. 앞으로의 바람을 이야기할 때에는 현재의 생활 모습을 투영할 수밖에 없는데, 학생들이 바람과 상상을 담아서 그린 그림 속에서 모두가 바른 자세로 영화를 보고 또 같은 방향만 바라보고 있다는 것이 마음에 걸렸다. 그래서 아이들에게 "영화를 꼭 앉아서 봐야 할까? 다른 자세로 보면 안 될까?"라는 질문을 하며 다른 움직임을 유도해 보기도 했다. '아이들에게 학교는 조금 더 자유로운 상상이 가능한 공간이어야 하지 않을까?' 하고 자문하게 된 계기였다.

공간의 용도를 넘나드는 아이들

안평초등학교에서의 매 수업은 오전 10시 반에 시작되었는데, 학교에서 지낸 날 가운데 가장 기억나는 하루를 그리는 수업을 했던 날 유독 일찍 온 학생이 있었다. 그 학생은 선생님의 안내로 도서실에서 잠시 기다려야 했다. 그날 그 학생은 도서실에서 잠시 대기했던 그

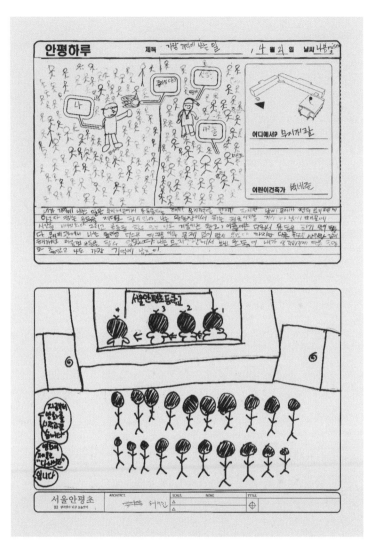

서울안평초등학교의 한 학생이 실내 체육관인 '무지개관'을 떠올리며 그린 그림.
활동지에 담긴 그림을 통해 아이들이 무지개관을 어떤 공간으로 인식하는지 짐작할 수 있다.

시간을 그림으로 그렸다. 흔히 도서실을 그릴 때는 책을 보는 사람이나 책을 찾는 사람을 그리는 등 책을 중심으로 사람들이 움직이는 모습을 표현하는데, 그 학생은 책과 책꽂이, 의자들이 즐비한 도서실을 그려 냈다. 그 학생에게 왜 본인의 모습을 그리지 않았는지, 또 책을 읽는 사람은 왜 그리지 않았는지 물어보았더니 자기는 책을 읽는 것보다는 거기에서 책 제목들을 바라보며 앉아 쉬는 게 더 좋기 때문이라고 답했다.

이어 학교 공간에 대한 바람을 이야기할 때에도 바꾸고 싶은 장소로 도서실을 그린 학생들이 있었다. 흔히 도서실을 책을 읽는 공간으로만 생각하기 쉬운데 아이들은 친구들과 이야기를 하거나 음악을 들을 수 있는 휴식 공간으로서의 도서관을 갈망하고 있었다. 어느 학생의 그림에서는 도서실이 누워서 책을 볼 수 있는 공간으로 표현되기도 했다. 아이들을 책과 만나게 하려면 책을 '읽도록' 비치해 두는 것이 아니라, 책과 '어울릴 수 있는' 공간을 만드는 게 더 좋은 방향일 수 있겠다는 생각이 들었다. 아이들의 활동선상에 도서실 또는 책이 위치하도록, 아이들이 그곳에 머물 수 있게 하는 것이다.

아이들은 대체로 실내 체육관에서 체육 활동을 하는 것을 더 좋아하지만, 파란 하늘 아래 운동장에서 놀고 싶어 하는 아이들도 많다. 운동장에서는 아이들이 넓은 영역을 사용하며 활동할 수 있기 때문이다. 가장 기억나는 날로 운동장에서 놀았던 날을 떠올린 아이들은 달리기를 하거나 모여서 잡기 놀이를 하는 등의 다양한 모습을 그렸다. 그 가운데 가장 기억에 남는 건 아이들이 운동장 놀이터 옆 파고라와 벤치를 활용하는 장면이었다. 학교 내 파고라와 벤치는 아이들에게 앉아 있는 용도로만 쓰이지 않고, 놀이를 할 수 있는 공간으로도 이용되었다.

아이들은 특히 '경도'라는 놀이를 할 때 파고라와 벤치를 많이 이용하는데, 경도란 '경찰과 도둑'의 줄임말로 말 그대로 경찰과 도둑이 등장하는 놀이다. 경찰은 넓은 영역을 도망 다니는 도둑을 잡으러 뛰어다니고, 도둑을 잡으면 좁은 영역에 잠시 가두어 둔다. 아이들은 도망 다닐 수 있는 영역을 그때그때 다르게 설정하는 듯한데, 파고라는 도둑을 가두어 놓는 영역으로 자주 이용되는 것 같다. 이처럼 어른들은 여기서는 뛰고 여기서는 쉬라고 영역을 나눠 주지만 아이들은 자신들의 움직임에 따라 굉장히 유연하게 영역을 넘나들며 시설물을 다양하게 활용한다.

안평초등학교에는 사람과 사람이 마주 볼 수 있는 벤치 외에 둥근 벤치도 있다. 그늘을 만들어 주는 나무를 가운데 두고 동그랗게 둘러싼 형태의 벤치다. 나무 아래 앉아 주변의 경치를 바라볼 수 있도록 만든 벤치일 텐데, 역시 아이들은 어른들의 의도와는 다른 형태로 이 시설을 이용하고 있었다. 아이들은 나무, 즉 안쪽을 향해 앉아 친구들과 이야기를 나누기도 하고 벤치의 형태에서 아이디어를 얻어 놀

∧∧ 서울안평초등학교 놀이터의 파고라가 있는 벤치. 앉아서 쉴 수 있게 만들어 둔 곳이지만
   아이들은 이곳을 놀이의 공간으로도 활용한다.
∧ 둥근 벤치에서 뱅글뱅글 돌며 잡기 놀이를 하고 있는 서울안평초등학교 아이들.

이를 만들어 놀기도 했다. 승현이라는 학생이 둥근 벤치에서 놀이를 한다고 말해 주어 나가서 관찰했던 적이 있다. 술래는 눈을 감고 손을 뻗은 채 나무를 중심으로 벤치 옆을 뱅글뱅글 돌고, 도는 동안 그 손에 부딪히는 누군가가 있으면 그 사람이 술래가 되는 놀이였다.

이렇듯 벤치 하나를 어떤 모양으로 어떻게 놓느냐에 따라 아이들의 움직임은 달라질 수 있다. 학교 공간도 마찬가지다. 벤치라는 작은 요소에서 발견한, 움직임에 대한 이 가능성을 학교 전체로 확장할 수 있을 것이다. 책상 역시 또 다른 예이다. 보통은 개인별로 사용하지만 위치를 옮겨 한곳으로 모아 모둠별로 활용하기도 한다. 작은 가구이지만 교육 흐름에 따라 그 위치를 이동하면 공간 또는 사람들이 모이는 모습도 바뀌는 것이다. 교실과 복도 등의 공간 구성을 조금 더 유연하게, 아이들의 가능성을 폭넓게 담을 수 있는 형태로 바꾼다면 학교에서의 아이들의 삶이 더 풍요로워질 것이다.

학교생활 관찰하기

앞서 말했듯이 학급당 학생 수가 감소하면서 교실 내에서 활동할 수 있는 공간이 계속 넓어지고 있다. 아이들은 쉬는 시간이나 중간 놀이 시간에 주로 교실 한쪽에서 보드게임을 하거나 책을 읽는다고 한다. 보드게임은 책상 위에서만이 아니라 교실 바닥에서도 할 수 있는 활동이어서 아이들 성향에 따라 놀이를 하는 위치가 매우 다양하다. 쉬는 시간 10분은 굉장히 짧기 때문에 아이들이 그 시간 동안 주로 책상 정리를 하거나 화장실에 다녀오거나 옆 반 친구를 잠깐 만나고 오는 것 정도가 다일 것이라 생각했다. 그런데 학생 인터뷰에 따르면 아이들은 그 짧은 시간 안에도 저마다의 방식으로 놀이를 하고 있었다. 어떤 학생은 운동장에 나가서 꼭 한 번 뛰고 오고, 어떤 학생은 책상에 앉아 자신만의 놀이를 만들어 놀기도 했다. 그러면 삼삼오오 그 주변으로 몰려들어 함께 놀이를 즐기다가 수업 시간을 맞이한다고 한다.

아이들이 학교에서 생활하는 시간 동안 교실을 어떻게 활용하고 그 안에서 어떻게 움직이는지 잘 관찰해 보면, 책상과 의자에만 갇혀 있지 않고 벽과 창과 문과 바닥 그리고 천장에 이르기까지 모든 공간 요소를 활용해 움직인다는 걸 알 수 있다. 학교는 이런 움직임을 관찰해야 하고, 그 관찰 내용을 토대로 학교 공간 변화의 방향을 논의해야 한다. 이를테면, 교실에 신발을 벗고 양말만 신은 채 들어가는 것이 우리 세대 기준에서는 다소 어색한 일일지 모르지만 지금의 초등학교 1학년 아이들은 이를 오히려 익숙하게 여긴다. 그 아이들은 어린이집 또는 유치원을 거쳐서 학교에 들어오는데, 어린이집과 유치원은 모두 좌식 생활 환경을 갖추고 있기 때문이다. 그런 환경에 있다가 갑자기 학교에 와서 실내화를 신고 1교시부터 4교시까지, 길게는 6교시까지 의자에 가만히 앉아 있어야 한다는 건 어려운 일이다. 실제로 이 부분을 저학년 학생들이 가장 힘들어한다. 이에 신발을 벗고 들어가는 교실에 온돌 기능을 추가해 아이들이 겨울에도 따뜻하게 활동할 수 있도록 하는 경우가 점차 늘고 있다. 이런 형태의 교실에서는 아이들이 책상과 의자 외에 바닥이라는 공간 요소도 자유롭게 활용할 수 있으므로 교실에서의 활동 범위가 더 넓어진다.

학교 공간 혁신을 위한 교사의 역할

아이들의 삶을 이해하는 학교 공간 수업

학교 공간에서 살아가는 아이들의 삶을 가장 가까이에서 지켜보고 가장 잘 이해하는 전문가는 교사이다. 학교 공간 변화의 길잡이, 기획과 실행의 주체로 나선 교사들의 열정이 전국적으로 뜨거워지고 있다. 지자체에서 학교를 대상으로 공간 혁신 사업을 지원하는 경우가 있는데, 여기에 선정되면 담당 교사들은 기쁜 한편으로 어떻게 그 사업을 이끌어 나가야 할지 고민이 깊을 수밖에 없다.

첫 번째 어려움은 공간 관련 수업이 굉장히 많아진 상황에서 지금 시작하는 학교들은 후발 주자가 되기 때문에, 이전의 좋은 사례들만큼 성과를 내야 한다는 부담감이 작용한다는 점이다. 두 번째 어려움은 아이들과 이야기를 나눌 장소나 주제가 정해져 있어 아이들의 흥미를 불러일으키기 어렵다는 점이다. 교사들이 학교 공간 혁신 사업에 지원하며 기획안을 제출할 때, 변화가 필요한 장소와 구체적인 사례, 활동 계획까지 작성하기 때문에 이미 과정부터 결과까지 정해져 있다고 해도 과언이 아니다. 학생들 의견에 따라 유연하게 대처하겠다고 마음먹은들 이미 기획안을 작성해 둔 상황에서 그렇게 한다는 게 쉽지는 않다. 세 번째 어려움은 실현 과정에 대한 막연함이다. 학교 공간을 누가 어떻게 만들어야 하는지, 어디에서 전문가를 찾아야 하는지 등에 관한 정보가 적은 것이다.

이러한 어려움 속에서도 학교 공간과 관련된 수업은 굉장히 많아지고 있다. 지자체와 교육청, 연구원, 후원 단체 등에서 학생들의 삶에 충실한 공간을 만들기 위해 노력하고 있다는 점이 매우 다행스럽다. 그리고 가장 다행인 것은 이 과정을 통해서 학생 못지않게 교사들의 가능성도 발현된다는 것이다. '어떤 질문으로 아이들에게 다가갈 것인가?', '현재 교육 과정 안에서 학교 공간을 주제로 어떻게 수업을 꾸릴 것인가?'를 진지하게 고민하고 학생들의 이야기를 이끌어내는 교사들의 모습을 가까이에서 지켜보면서 건축 전공자로서 내가 미처 숙지하지 못했던 부분이 무엇인지를 깨닫고, 학생들에게 다가갈 때 어떤 것을 먼저 고민해야 하는지를 배울 수 있었다.

학교 공간 수업을 할 때에는 교육 주제가 학교 공간임을 고려하되, 결과를 위한 과정은 지양해야 한다. 학생들을 배제하며 무엇인가를 결정하지 않도록 주의하고, 학생들이 선생님과 동등한 관계에서 협의할 수 있도록 해야 한다. 또한 교육 결과가 반드시 물리적으로 드러나야 한다는 사고에서 벗어나야 한다. 학교 공간에 대해 학생들이 상상하고 바라는 점을 이야기하는 것 자체가 교육 과정이며 결과이기 때문이다. 물리적 결과물을 만들어 내기 위해 과도하게 애쓸 필요는 없다. 그보다는 적절한 과정을 통해 학생들과 '만들어 가는' 학교 문화를 조성하는 데 더 노력을 기울여야 한다.

이제 학교 공간을 둘러보며 교사와 학생이 자연스럽게 의견을 교환하고 그 내용을 실현하기 위한 디자인을 하는 과정을 살펴보자. 아이들은 어른들이 상상하지 못하는 곳에서, 언제나 발견된다. 교사가 아이들을 따라 학교 곳곳을 둘러보다 보면 '학교에 이런 곳도 있었어?'라거나 '이 공간을 이렇게도 사용할 수 있구나.'라고 생각하게 되는 순간이 있다. 익숙한 곳이 새롭게 다가오는, 생각이 전환되는 그 순간이야말로 이 교육 과정의 백미다. 이렇게 공간을 새롭게 발견하게 만든 주체가 아이들이라면, 이미 아이들은 학교 공간 수업을 스스로 이끌어 나갈 수 있는 동력을 가진 것이다. 이는 수업의 성패를 좌우할 정도로 굉장히 중요한 지점이다.

학교 공간 수업을 진행할 때에는 학교를 천천히 거닐면서 학생 자신이 학교에서 보낸 하루를 소개하고 그 하루의 배경이 되었던 장소 가운데 가장 좋아하는 곳을 설명하게 하며 본론으로 이끌어야 한다. "어느 공간을 바꾸고 싶니?"라고 직접적으로 물어보기보다는 아이들의 삶에 가까이 가서 함께 공간을 발견하는 것이다. 그 이후에는 일상적이고 자연스럽게 다음 과정으로 이어 나가면 된다. 이렇게 진행되는 학교 공간 수업의 전 과정을 '기억하기', '관찰하기', '상상하기', '사랑하기' 네 단계로 나누어 보았다. 아이들과 함께하면서 학교 공간 속 아이들의 삶을 기억하고 관찰하고 상상하고 사랑해 보길 바란다.

기억하기

아이들의 학교에서의 삶에 다가가기 위해서는 '발문'이 중요하다. 적절한 발문은 수업의 시작이자 끝이라고 할 수 있다. "학교생활에서 가장 기억나는 일은 뭐니?", "학교생활 중 가장 좋아하는 시간은 언제니?", "학교에서 뭐 하고 노니?", "주로 언제, 어디에서 노니?", "학교에서 가장 좋아하는 장소는 어디니?" 등 다양한 발문 가운데서 어떤 것을 중심에 둘 것인지는 학교 공간 수업을 기획한 교사의 의도와 재량에 따라 달라진다.

예를 들어 보자. 아이들과 놀이 공간에 대해 이야기를 나눌 때에는 "학교에서 뭐 하고 놀아? 어디에서 놀아? 누구랑 놀아?"라는 질문을 던진다. 아이들이 학교에서 어떻게 살아가는지에 관해 가장 다양한 이야기를 들을 수 있는 질문이다. 아이들의 이야기 속에는 놀이 종류뿐 아니라 놀이를 했던 장소와 시간, 함께 놀았던 사람과 당시의 상황 등이 자세히 드러난다. 놀이는 어린이들이 가장 좋아하는 주제이기 때문이다.

서울특별시교육청에서 진행했던 '꿈을 담은 교실 만들기' 스무 개 학교 가운데 하나인 서울창신초등학교에서 있었던 일이다. "우리 교실에서 보낸 하루 가운데 가장 기억나는 순간은 언제인가?"라는 질문에 아이들이 스케치를 해 주었다. 아이들은 교실 뒤 사물함 앞에서 바닥 놀이를 하는 장면, 창문 밖으로 무지개가 보이는 순간, 쉬는 시간에 친구와 복도에서 이야기를 나누는 모습 등을 그렸다. 그림들을 통해 어린이들이 인지하는 교실의 활동 범위가 교실에서 벌어지는 학습 및 놀이 종류, 칠판 위치나 책상 배치에 따라서 달라짐을 알 수 있었다.

'기억하기' 단계의 결과물은 학년에 따라 차이가 있다. 초등학교의 경우 고학년 아이들은 글과 그림을 통해 자신의 경험을 표현하고, 그것을 바탕으로 자신이 그 공간을 어떻게 활용했는지, 왜 그렇게 활용했는지를 논리적으로 설명할 수 있다. 그에 반해 저학년 아이들은 자신의 생각을 단순한 그림과 짧은 문장으로 표현한다. 그러나 표현 방식이 매우 직관적이어서, 표현된 그림이 무엇인지만 알 수 있으면 아이들이 공간을 어떻게 인지하고 있는지 추측하기 쉽다.

관찰하기

아이들의 기억을 토대로 아이들이 학교 공간에서 어떻게 살아가는지를 파악한 뒤에는 그곳에 직접 찾아가 보는 '관찰하기' 단계에 들어간다. '기억하기' 단계와 마찬가지로 이 단계에서도 활동지를 이용하는데, 이전 단계와 다른 점은 학교 공간에 직접 나가 관찰한 내용으로 활동지가 채워진다는 것이다.

학교 공간은 공부하거나 놀이를 하거나 쉬는 곳, 교사들이 연구를 하거나 일하는 곳 등 다양한 공간들로 이루어져 있다. 마치 도시와 같은 모습이다. 하지만 도시도 학교도 보이는 건축물과 공간만으로 이루어져 있지 않다. 도시에는 사람이 있다면 학교에는 아이들이 있다. 같은 모양의 벤치를 사람들마다 다르게 사용하듯이 학교 안에서도 복도나 계단, 벤치, 난간, 놀이 기구 등을 대하는 모습은 아이들마다 조금씩 다르다. 아이들의 행동을 반복해서 자세히 관찰하다 보면 아이들이 생명이 없는 공간이나 장소에 적극적으로 어떤 역할을 부여하며 생명을 불어넣고 있음을 알 수 있다. '관찰하기' 활동지에서 발견되고 공유되어야 하는 부분이 이것이다. 아이들이 각 공간에 어떤 역할을 부여하는가, 그곳에서 어떤 행동을 하는가를 이 단계의 활동지에서 파악해야 한다.

그런 다음에는 아이들이 부여한 역할이 해당 공간에 잘 어울리는지, 아이들이 그 공간에서 지낼 때 불편한 점은 없는지, 그곳을 활용할 더 나은 방법은 없는지 등에 관해 아이들과 이야기를 나눈다. 그러고 나서 그 공간이 어떤 모습이면 좋을지 구체적으로 생각해 보는 상상하기 단계로 넘어가게 된다.

상상하기

'상상하기' 단계에서는 이전 단계에서 관찰했던 공간에 우리의 바람을 어떤 모습으로 담을지를 생각해 본다. 이 단계는 더 나은 공간을 만들 대안을 생각하고, 그것을 다양한 방식으로 논의하고 합의해 가는 과정의 반복이다. 둘러본 여러 장소 가운데 본격적으로 만들어 갈 공동의 장소를 정하는 것부터 합의해야 한다.

아이들은 그 장소에 대한 각자의 기억에 따라 여러 가지 대안을 자유롭게 제시하는데, 앞으로의 과정을 위해서 그러한 아이들의 이야기를 '해체 – 분류 – 재구성'하여 간결하게 정리해야 한다. 아이들의 의견은 저마다 다르기 때문이다. 아이들과 교사는 '기억하기', '관찰하기' 단계의 활동지를 가지고 학교에서 보낸 수많은 시간 가운데 어째서 특별히 그 장소에서 있었던 그 상황을 표현했는지에 관해 이야기를 나누어야 한다. 그리고 우리의 삶에서 무엇이 더 드러나고 더 나아져야 하는지 이야기해야 한다. 그 이야기의 대상이 바로 앞으로 만들어 나갈 장소가 된다. 즉 장소는 바꿔야 하는 대상이 아니라 이야기의 주제가 되어야 한다. '바꾸다'라고 하면 물리적으로 바꾸는 것부터 연상되므로, 이는 '상상하기'의 단계의 장애물이 될 수 있다. '바꾸다'라는 단어를 사용하기보다는 "이 공간을 어떻게 우리 삶에 맞추어 잘 변화시킬 수 있을 것인가?" 또는 "이 공간이 어떤 모습으로 변화할 수 있을 것인가?" 하고 물으며 이야기를 나누어야 논의가 풍부해질 수 있다.

이쯤에서 광주의 극락초등학교를 살펴보자. 보통 학교 중앙 현관이라고 하면 교장, 교감이나 외부 인사들이 드나드는 권위적인 공간이라는 생각이 들지만 극락초등학교 현관에는 조금 다른 점이 있다. 바로 평상이 있다는 점이다. 평상이라고 하면 어른들은 장기판을 펼쳐 놓고 놀이를 하는 모습을 떠올릴 수도 있겠다. 이처럼 우리에게 평상은 친근한 건조 환경(street furniture, 거리의 가구라는 뜻으로 우체통, 가로등 등이 이에 해당된다.)이다. 이러한 평상이 학교에 있다고 상상해 보자. 아이들이 신발을 벗고 올라가 다리를 쭉 펴고 앉아서 먼 산을 멍하니 바라보거나, 삼삼오오 모여서 공기놀이도 하고 수다 삼매경에 빠져 있는 모습을 떠올리게 되지 않은가? 이 시설물을 설치한 것만으로도 학교 현관은 쉬거나 놀거나 공부를 할 수 있는, 다양한 가능성을 지닌 공공의 장소로 재탄생한다. 이처럼 우리가 일상적으로 드나드는 장소라 하더라도 그 의미나 역할, 그리고 변화의 가능

광주극락초등학교 현관 앞 평상. 아이들이 신발을 벗고
삼삼오오 모여 앉아 휴식을 취하거나 놀 수 있는 장소이다.

성을 주제 삼아 이야기를 나누면 그 공간은 생명을 얻게 된다.

　이러한 수업을 진행할 때 교사들은 학교 공간의 변화를 이끄는 이 모든 과정이 우리의 이야기에서 시작되었다는 것을 학생들에게 지속적으로 알려 주어야 한다. 아이들은 학교 공간을 바꾸는 일이 자신과 상관없다고 생각하는 순간 프로젝트에 수동적으로 임하기 때문이다.

　일단 이야기 주제로서 장소가 정해지고 그 장소에서 어떻게 지내는지에 관해 이야기를 나누었으면, 이야기에 등장하는 아이들의 움직임을 파악하고 그 움직임을 아우르는 디자인 주제를 정한다. 여기서 움직임 사례 활동지가 필요하다. 아이들이 나누는 이야기를 하나로 모으거나 공통 지점을 발견하기 위해서이다. 공간이 아이들에게 본질적으로 어떻게 작용되고 있는지 알아보는 것이다. 어떤 공간이 본래 지닌 형태를 넘어 사용자에 의해 활용되는 모습, 즉 움직임을 알면 '공간이 어떻게 변화해야 하는지' 알 수 있다. 해당 공간에서의 아이들의 움직임에 관한 이야기는 디자인의 근거가 된다. 관찰을 통해 찾은 디자인의 근거는 우리 삶 속의 공간을 들여다보고 생각하게끔 만든다. 또한 공감을 얻기 쉬우므로 '지속적인' 쓰임새를 갖는 공간을 만들 수 있다.

　길 위에 작은 의자를 설치한다고 하자. 의자를 설치할 때에는 의자가 놓이는 장소, 의자를 사용하는 사람, 의자의 모양, 그리고 설치된 이후의 쓰임새에 대해 생각해야 하며, 이 과정에서 찾은 근거가 이 의자가 지속적으로 많은 사람들을 만날 수 있는지 없는지를 결정짓는다.

　'쉬다'라는 단어 하나에서도 여러 가지 상상이 파생된다. 휴식을 위한 장소를 만들 때 "쉬기 위해 필요한 요소는 무엇인가?", "어떻게 쉬어야 하는가?", "어떤 공간에서 쉴 것인가?" 등의 질문에 답하면서 앞으로 표현할 대상을 점차 구체화하는 과정을 거치지 않으면 아이들은 침대 하나만 덩그러니 그리고 말 수도 있다. 질문과 대답을 반복한 후 스케치, 콜라주, 영상, 녹취 등 다양한 방식을 활용해 아이들이 그 공간에서 꿈꾸는 삶이 무엇인지 파악해야 한다.

상상하기 단계의 콜라주 또는 스케치 내용을 보면 굉장히 황당한 것들이 많다. "지붕에 올라가서 풍경도 보고, 미끄럼틀 아래로 내려오고 싶다.", "하늘에 떠다니는 구름을 의자로 만들어서 그 의자에서 쉬고 싶다.", "여기를 두 부분으로 구분해서 한쪽에서는 조용히 쉬고 다른 쪽에서는 뛰면서 놀고 싶다.", "현관 입구에 트램펄린을 설치하고, 그 옆에서 신나게 그네를 타고 싶다.", "미끄럼틀 또는 비밀 공간이 있었으면 좋겠다.", "놀이 공간은 필요 없다. 그냥 수업 시간에 놀면 좋겠다.", "수업 시간이 없었으면 좋겠다.", "옥상에 만화방이 있었으면 좋겠다." 등등. 이런 의견들을 과연 현실화할 수 있을까? 그림으로 보거나 말로만 들었을 때는 '이걸 어떻게 만들지?'라는 걱정부터 앞선다. 아이들에 의한 공간 수업이라고 해서 또는 결과물을 내야 된다고 해서 아이들이 그려 준 대로만 따라가는 건 정답이 아니다. 다만 이 내용에 대해 이야기 나누는 과정에서 아이들의 진짜 바람을 발견해야 한다. '상상하기' 단계의 활동 목표는 '진짜 바람 알기'이다.

이런 얼토당토않은 듯 보이는 바람들 속에서 아이들의 진짜 바람을 해석하는 노력이 필요하다. "지붕에 올라가서 풍경도 보고, 미끄럼틀 아래로 내려오고 싶다."라는 바람은 '학교 앞 풍경을 높은 곳에 앉아서 볼 수 있으면 좋겠다, 위에서 아래로 미끄러지는 놀이 공간을 바란다'로 해석할 수 있다. 구름 의자에 관한 바람은 '높은 곳에 있는 푹신한 의자에서 쉬고 싶다'는 것으로, 또 "여기를 두 부분으로 구분해서 한쪽에서는 조용히 쉬고 다른 쪽에서는 뛰면서 놀고 싶다."라는 바람은 '조용하게 할 수 있는 놀이와 시끌벅적하게 하는 놀이를 구분했으면 좋겠다'는 것으로 해석할 수 있다. 그리고 수업 시간에 놀고 싶다거나 수업 시간이 없었으면 좋겠다는 이야기는 '교실이 재미있는 수업을 할 수 있는 공간이 되면 좋겠다'는 바람으로 해석할 수 있다.

이러한 해석 작업을 거치며 공간에 대해 생각해 보고 그 주제와 관련된 사례를 찾으면 되는데, 이 사례 찾기를 1차시부터 진행하는 경우가 종종 있다. 그 경우 전문가 또는 건축가들이 만든 굉장히 잘된 사례를 주로 찾기 마련인데, 이렇게 되면 아이들은 자신이 찾은 사진 밖으로 나오기 어려울 수 있다. 그러므로 이러한 사례 사진은 아이들이 어떤 공간을 만들겠다는 주관을 갖기 전에는 보여 주지 않는 게 좋다.

사랑하기

우리는 학교 공간 수업이 무엇이든 다 이루어지는 요술 램프 수업이 되길 원하지 않는다. 아이들의 바람이 일차원적으로 옮겨져서 무지개 모양 학교가 되길 바라는 것도 아니다. 아이들이 자신의 진짜 바람을 알리고, 동료들과 함께 문제를 풀어 나가는 것이야말로 이 수업의 목적이다. 그리고 '관찰하기', '기억하기', '상상하기' 단계를 넘어 그 바람이 현실이 되었을 때, 아이들은 크나큰 성취감과 함께 학교 공간을 더 사랑하게 된다. 이렇게 해서 완성된 공간이 아이들의 삶에 자리 잡기 위해서는 해당 공간을 주제로 하는 다양한 교육 과정이 만들어져야 한다. 즉 그 공간 안에서 배움이 이루어져야 한다.

:

건축 교육이 의미 있는 성과를 거두려면

내 삶과 내 삶의 터전을 생각하는 시간 갖기

건축 설계를 하는 사람으로서 처음 아이들을 만난 것은 어린이 건축 캠프에서였다. 아이들과 함께 이틀 정도 시간을 보내면서 아이들이 사는 마을이나 다른 지역의 건축물을 살펴보고, 각자 자신이 우리 동네의 건축가라면 어떤 공간을 만들지 자유롭게 이야기를 나누는 워크숍 형태의 캠프였다. 이런 기회가 자꾸 생기면서 아이들과 건축이 어떻게 만나면 좋을지 많은 고민을 하게 되었다. 그러던 중에 문화 재단 산하의 건축 학교에서 보조 강사로서 초등학생들을 만났다. 문화·예술 교육의 한 주제로 건축을 아이들에게 어떻게 소개할지, 그 방식에 대해 많이 배울 수 있는 시간이었다. 취학 전 6~7세 어린이들에 대한 건축 교육 수요가 점차 늘어나 프로그램을 직접 만들고 진행하게 되면서, 본격적으로 어린이 건축 및 건축 교육 분야에 뛰어들었다. 건축 설계직을 내려놓고 유아부터 초·중·고등학생들을 만나 그들에게 건축을 소개하고, 그들 주변에는 어떤 건축물과 공간이 있는지 자세히 살펴보았다.

최근 각기 다른 두 분야가 융합하여 새로운 분야로 탄생하는 사례가 많은데, 건축 교육도 그 사례 중 하나로 볼 수 있다. 건축 교육에 대한 정의를 명확히 내리기 어렵지만, 몇 년간 아이들을 만나 경험한 것을 바탕으로 정리해 보자면 건축 교육이란 '아이들의 현재 및 미래의 삶 또는 삶의 터전에 대해 생각해 보는 시간을 갖는 것, 그리고 아이들에게 삶의 가치에 대해 생각해 볼 시간을 마련해 주는 것'이 아닐까 한다.

아이들로부터 하루를 어떻게 보냈는지 이야기를 들어 보면, 일어나 학교에 가고 하교 후에는 학원에 가고 집에서는 TV나 유튜브를 보고 게임을 하거나 밥을 먹고 자는 식으로, 굉장히 단조로운 생활의 연속이었다. 학교 안의 상황을 들여다봐도 그 단조로움은 별반 차이가 없었다. 운이 좋게도, 건축 교육이라는 형태로 그 단조로운 일과 속에서 아이들이 어떻게 살아가는지 들을 수 있었다.

아이들과 지속적으로 만나려면 어떻게 해야 하는지 고민하던 중에 서울삼양초등학교 프로젝트를 만났다. 교육자들과 건축가 등 여러 분야의 사람들이 협업하여 프로그램을 운영한, 건축 교육과 학교가 만난 훌륭한 사례였다. 삼양초등학교에서는 담임 교사, 학교 밖 현장의 교육자(유아 교육 전문가), 건축가인 나, 그리고 도시 전공 학생들이 일주일에 한 번씩 아이들로부터 학교 안에서 어떻게 살아가는지에 대한 이야기를 들었다. 그 시간을 토대로 학교 안 공간을 같이 만들어 나갔다.

삼양초등학교와 다른 형태로는 서울특별시교육청에서 스무 개 학교를 대상으로 진행한 '꿈을 담은 교실 만들기' 프로그램이 있다. 아이들이 주체가 되어 교실 공간에 대해 생각해 본다는 것이 중요한 의도 가운데 하나였던 프로그램이다. 그중 서울창신초등학교에서는 아이들이 교실에서 어떤 생활을 해 왔는지 또 어떤 교실을 바라는지 의견을 듣고, 앞으로 교실이 어떤 방향으로 나아가야 할지 건축가에게 제안하여 이를 현실화할 방법을 찾아보았다. 이제 막 입학한 1학년 학생들과 미래 교실에 대한 공통의 상을 잡아 나가는 것은 여러 가지 제약으로 어려운 점이 있었다. 따라서 교실에 대한 기억과 바람을 묻는 활동지를 통해 시간에 따라 다른 교실 내의 움직임, 활동 영역, 교실 인식도를 파악하는 데 더 집중했다. 그 결과 디자인 이슈를 찾을 수 있었고, 이를 협업 건축가와 공유하고 협의하여 교실 디자인을 구체화해 나갔다.

또 다른 협업의 형태로, 광주극락초등학교 '어디든 놀이터' 사업이 있다. 초록우산어린이재단의 광주아동옹호센터에서 나서서 학교 공간 관련 프로젝트를 공모하여 학교를 선발했다. 선발된 학교에 찾아가, 놀이와 공간에 관심이 있는 학생·교사·학부모를 만났다. 학교에서 놀이를 주제로 기억 – 관찰 – 상상 워크숍을 3회에 걸쳐 진행했다. 디자인 워크숍 후에는 완성된 놀이 공간 설계를 현실화하기 위해 지역 내 시공사와의 협업이 필요했다. 부족한 여건이지만 진정성을 갖고 공사를 진행할 수 있는 시공사를 찾아야 했는데, 다행스럽게도 참여 디자인의 가치와 지역 내 학교에 놀이 공간을 만드는 일의 중요성에 공감하는 지역 시공사를 만나 결과를 낼 수 있었다. 전문가 인력 풀이 부족한 수도권 외 지역임에도 의지를 가지고 소통하며 결과물을 완성한 경험으로, 서울을 넘어 지역에서도 공간 혁신 수업을 진행할 수 있다는 가능성을 볼 수 있었던 프로젝트였다. 앞으로 공간 혁신 수업을 위해 전문가들이 지역으로 찾아가거나, 지역 내에서 확보한 전문가들과 학교가 함께 결과를 만들어 가는 좋은 사례가 많이 쌓이기를 바란다.

건축 교육가의 역할

최근 2년 사이에 건축 교육과 관련된 일들이 굉장히 많아졌다. 문화·예술 교육의 형태로 유아들을 만나는 것 외에 대부분의 활동은 학교에서 이루어진다. 현재 나는 유니세프를 통해 서울의 초등학교 두 곳과 만나고 있다. 유니세프와 서울특별시교육청이 함께 기획한 '꿈을 담은 놀이터' 사업을 작년에 이어 올해도 진행하게 됐는데, 올해는 네 곳 가운데 두 곳을 맡아 아이들과 워크숍을 한 번 진행했다. 그 워크숍의 내용을 모아서 현실성이 있는지, 또는 어떻게 현실화해야 할지 논의해 가는 과정에 있다.

수도권 외 지역에서는 세 가지 사업을 진행 중이다. 먼저 앞에서 언급한 극락초등학교에서의 활동이 있고, 두 번째로는 광주광역시교육청에서 진행하는 프로젝트이다. 광주광역시교육청은 결과만큼 그 과정도 아이들에게 의미 있게 다가갈 수 있도록 프로젝트를 기획했는데, 그것의 일환으로 나는 광주백운초등학교의 설계를 맡았다. 세 번째로는 세이브드칠드런의 지원을 받아 진행하는 대구 경동초등학교 작업이다. 아이들로부터 학교에서 어떻게 살아가는지에 대한 이야기를 듣고 그들의 메신저가 되어 지역 건축가에게 아이들의 경험을 전달하는 일을 한다. 포괄적으로는 학교 안에서 공간 수업을 이끌어 가는 교사들에게 아이들과 어떻게 수업을 진행하고 어떤 자세를 가져야 하는지 알리는 작업을 해 나가고 있다.

앞으로의 바람도 많다. 첫째는 건축 교육을 할 수 있는 후배들이 생기는 것, 둘째는 나와 함께 이 일을 해 나갈 팀을 만드는 것이다. 건축은 건축 설계, 환경, 구조, 건설, 조경 등 진출할 수 있는 분야가 매우 한정적인 데 비해 굉장히 많은 능력치를 요구받는다. 건축 설계를 하기 위해서는 건축물이 지어질 땅, 즉 해당 장소를 분석하고 이를 형태화하는 능력뿐만 아니라 디자인 및 운영 능력도 있어야 한다. 진출할 수 있는 분야가 한정적인 건축계에서 건축 교육이 전공자들에게 능력을 펼칠 수 있는 또 다른 기회가 되었으면 하는 바람이다. 그것과 발맞추어 나와 함께 일을 해 나갈 동료들을 모아 팀을 꾸리고 싶다.

건축 교육이 학교에서 의미 있는 성과를 거두려면 교사, 행정 직원, 교장 및 교감 등 학교 구성원들의 협조가 필요하다. 건축에 대해 이해하길 바라는 것이 아니라, 학교에서 아이들이 살아가고 있다는 것, 학교는 단지 학습의 현장이 아니라 아이들의 삶의 공간이라는 것을 공감하고 인식할 수 있었으면 한다. 이와 관련하여 교사 등 학교 구성원들과 만나 설명하고 이야기 나눌 수 있는 자리가 많이 생겨나길 바란다.

요즘 어린이 참여라는 간판만 내건 학교 공간 프로젝트가 많이 생겨나고 있다. 학교 공간 혁신 프로젝트를 시작할 때, 전문가가 들어가 아이들과 워크숍을 진행하며 이야기를 이끌어 낼 수도 있지만 사실 그 역할을 가장 잘할 수 있는 것은 교사들이다. 교사는 아이들이 학교 공간을 어떻게 이용하고 기억하고 그리는지를 면밀히 살필 수 있는 위치에 있다. 이것이 결과를 위한 과정이 아니고 아이들이 스스로 이끌어 나가는 프로젝트여야 한다는 점을 분명히 기억한다면, 평범하고 작은 결과물을 낼지라도 교사와 아이들 모두에게 의미 있는 수업이 될 것이다.

학교 공간 수업을 예산이 확보된 뒤에야 시작하는 학교들이 많다. 하지만 이 수업의 시작에는 많은 예산이 필요하지 않다. 가볍게 아이들과 카메라 하나를 들고, 또는 카메라가 없으면 없는 대로 아이들이 뛰어다녔던 곳을 함께 산책하면서 일상적이었던 그 공간을 조금 다르게 바라보는 것도 좋은 시작이 될 수 있다. 아이들이 정숙하게 지내야 했던 공간에서 함께 뛰어 보거나, 아니면 아이들이 열심히 뛰놀던 공간을 찬찬히 관찰해 보는 활동은 어떤가? 이런 가벼운 활동을 통해 아이들의 삶이 이루어지는 공간에 대해, 그리고 그 속의 아이들의 움직임에 대해 같이 이야기 나누어 보기를 바란다.

학교 곳곳을
아이들의 놀이터로

 편해문 _ 놀이터 디자이너

66 학교의 놀이터와
놀이 환경을 바꿔야
학교가 바뀝니다. **99**

놀이 환경에 대한 생각의 전환

획일적인 놀이 환경을 바꾸는 첫걸음

놀이터는 어떤 장소일까? 대다수의 사람들은 놀이터라고 하면 아이들이 놀 수 있게 만들어 둔 특정 공간, 즉 그네나 철봉 같은 것들이 있는 전형적인 놀이터의 이미지를 떠올릴 것이다. 과거에는 그러한 형태의 놀이터는 보기 어려웠다. 왜일까? '세상이 전부 놀이터'였기 때문이다. 과거의 아이들은 시간의 제한 없이 꽤 넓고 먼 곳을 오가며 놀았다. 산이라든가 골목이라든가, 바닷가 가까이에 살면 바닷가에서 놀고 강이 가까운 곳에 있는 아이들은 강가에서 놀았다. 과거의 어린이들이 뛰어놀았던 자연적인 공간과 비교하면 현재 도시 지역의 놀이터는 매우 단순화된 형태이다. 아파트 베란다 아래로 보이는 놀이터는 그야말로 획일화의 절정이다. 어느 놀이터든 똑같이 바닥에는 탄성 포장재가 깔려 있고 그 가운데에는 우리가 '3S'라고 하는 미끄럼틀(슬라이드), 시소, 그네(스윙)가 자리하고 있다. 현재 한국의 놀이터가 그와 같은 모습으로 존재하는 것은 아이들을 생각하기보다는 놀이터를 짓는 일 자체에 더 큰 의미를 부여했기 때문이다. 획일화된 형태의 놀이터는 동네마다 몇 개씩이나 있다. 이렇게 양적으로 놀이터 수를 늘리는 데에만 시간과 자원을 들여 온 것에 대한 반성으로, 최근 들어 놀이 공간들을 질적으로 변화시키려는 움직임이 조금씩 일어나고 있다. 반가운 일이다.

'창의성'이라는 키워드는 언젠가부터 우리 교육의 중요한 가치로 자리 잡았다. 문제는 어떻게 해야 아이들의 창의성을 길러 줄 수 있느냐는 것이다. 많은 사람들이 이를 해결할 실마리를 '놀이'가 쥐고 있으리라는 데 어렴풋하게나마 동의하는 듯하다. 미래를 살아갈 아이들에게 창의성이 필요하다고 생각한다면 아이들의 놀이터가 어떤 모습이 되어야 할지 진지하게 살펴야 한다. 도시 한가운데 사는 아이들도 자연을 만날 수 있어야 한다고, 지난날 아이들이 느꼈던 것들을 현재의 아이들도 느낄 수 있게 해 줘야 한다고 놀이터를 만드는 사람들부터 생각해야 한다. 그리고 이를 어떻게 구현해 낼 것인가를 깊이 고민하고 끈기 있게 추구해 가야 한다. 한국 사회가 그 시작점에 서 있는 것 같아 기쁘다.

도전과 안전의 균형

'놀이'의 눈으로 세상을 보기 시작한 지 20년 정도 되어 간다. 놀이 또는 놀이터와 함께해 온 이 여정을 한마디로 설명하자면 '위험'이라는 화두를 어떻게 풀 것인가를 고민해 온 과정이었다고 말할 수 있다. 한국 사회가 위험에 대해 경각심을 갖기 시작했다는 것은 다행이지만, 아직도 대체로는 두려움만 앞서는 것 같다. 세상은 위험한 것들로 가득 채워져 있다. 아이들 가까이 있는 양육자나 학교는 아이들에게 이런 환경 속에서 살아 나가는 기술을 전수해야 한다. 그러나 아이들이 양육자나 교사로부터 주로 듣는 말은 무언가를 하지 말라는 금지와 제지의 목소리다. 아이들이 다칠까 봐 걱정하는 마음은 이해하지만, '금지와 제지'라는 한 가지 방향으로만 위험에 대처하려는 것은 문제다.

아이들이 중학교와 고등학교를 졸업하고 세상에 나왔을 때, 이 청년들에게 사회는 '도전하라'고 요구한다. 20년 동안은 이것도 안 된다 저것도 안 된다며 하지 말라는 것투성이었다가 갑자기 세상에 나오자마자 도전을 하라고 하니, 그들 입장에서는 너무나 난감한 일이다. 도전에는 참담한 실패와 좌절이 따르기 마련인데, 다 자라서 그런 일을 처음으로 겪는다면 충격이 클 수밖에 없다. 그렇기에 나는 실패하더라도 다시 회복할 수 있는 힘을 길러 주는 요소들을 놀이와 놀이터 속에서 아이들이 숱하게 만나 보아야 한다고 생각한다.

우리나라 놀이터를 보면 대다수가 7세 이하의 아이들이 놀기에 알맞은 정도의 수준으로 되어 있다. 안전에 대한 합격 기준만을 따라 놀이터를 만들다 보니 그런 것이다. 그런 곳에 초등학교 아이들이 가면 무엇을 느끼겠는가? '도대체 우리를 어떻게 알고 이렇게 시시하고 지루하고 재미없는 놀이터를 만들어 놓은 걸까?' 하는 생각을 하지 않을까? 아직 놀이터에서 뛰어놀아야 할 초등학교 아이들이 그곳에서 느낄 지루함은 이루 말할 수 없이 클 것이다. 우리가 바로 알아야 하는 것이 있는데, '안전 합격'이라는 것이 결코 안전을 보장하지 않는다는 것이다. 안전 검사를 받은 놀이 기구 자체가 안전하다는 것이지, 그 기구에서 아이들이 노는 동안의 안전까지 보장하는 건 전혀 아니다.

아이들이 놀이터에서 어떻게 행동하는지를 보면 한 가지 흥미로운 점을 발견할 수 있다. 놀이터 한쪽에는 절대 하면 안 되는 행동들을 적어 놓은 목록이 있다. 놀이터에 온 아이들은 거기에 적힌 열 몇 가지 정도 되는 항목들을 하나씩 다 읽어 보고는 그것을 하나하나 다 해 본다. 내가 20년 가까이 놀이를 연구하고 놀이터 현장을 보면서 깨우친 것은 아이들은 절대 어른들이 놀라는 대로 놀지 않는다는 것이다. 예를 들어 미끄럼틀을 거꾸로 올라간다든지 놀이 기구 지붕에 올라간다든지 하는 식이다. 어린이들 입장에서는 '말을 안 듣는 것'이 놀이다. 어른들이 보기에는 위험해 보이고 걱정될 수 있지만 놀이터는 아이들이 자기 몸을 가지고 놀 수 있는 수준으로 만들어야 한다.

간혹 놀이터에서 안전사고가 일어나면 그에 대한 보도가 여러 매체에서 계속 되풀이되기 때문에 대다수의 사람들은 아이들이 놀이터에서 많이 다친다고 생각한다. 그러나 실제로는 아이들이 놀이터에서 놀면서 다치는 경우는 매우 드물다. 오히려 병원에 실려 오는 아이들 가운데는 집을 비롯한 실내에서 다친 경우가 많다. 국제 아동 안전 기구인 세이프키즈에 따르면 미국에서는 매년 350만 명 이상의 아이들이 가정에서 입은 부상으로 응급실을 찾는다고 한다. 아이들이 실내에서 많이 다치는 까닭은 뭘까? 인간이라는 종은 실내로 들어가면 안전하다는 생각을 가지도록 진화해 왔다. 반대로 밖에 나와 있을 때에는 스스로 '내 몸을 챙겨야 한다.', '내 몸을 돌봐야지.'라는 경계심을 갖는다. 그래서 밖보다 실내에서 절대적으로 많이 다치는 것이다.

감수할 수 있는 정도의 위험이 존재하는 놀이터라야 아이들은 도전을 해 볼 수 있고, 그런 경험이 있어야 이후 놀이터를 벗어난 장소에서 어떤 위험을 만났을 때 '아, 이건 내가 다룰 수 있는 수준의 위험이야.'라든지 '이건 내가 못 피하는 거네.'라고 판단할 수 있다. 통제할 수 없는 위험은 회피해야 한다. 그런 감각을 학교와 양육자가 나서서 가르치지 않는 것은 매우 의아한 일이다. 세월호 사건 이후 위험에 대한 우리 사회의 인식은 더욱 뒷걸음질쳤다. 학교나 교실 어딘가에 조금이라도 날카로운 것이 있으면 모두 치워 버린다든지 야외 활동을 금지하거나 자제시키는 식으로 바뀌어 버린 것이다. 위험이 무엇인지 모르도록 가리는 것이야 말로 가장 큰 위험이다.

따라서 놀이터는 너무 안전해서는 안 되고 살아 있는 위험(alive risk)을 만날 수 있는 곳이어야 한다. 물론 줄이 낡았다든가, 난간이

쓰러지려 한다든가 하는 위험은 당연히 제거돼 있어야 한다. 내가 말하는 위험이란 아이들이 '아, 오늘은 내가 이만큼 올라갔는데 더 못 올라가겠어. 내일 와서 조금 더 해 봐야겠다.'라고 생각하게 만드는 요소들이다. 이런 요소들이 놀이터에는 반드시 필요하다.

놀이터의 주인은 어린이

아마 누구나 다 같은 생각을 하겠지만 놀이터의 주인은 어린이다. 그런데 지금 놀이터에 가 보면 조합 놀이 기구가 가운데 떡 버티고 주인 행세를 하고 있다. 아이들이 주인이 아닌 소품이 되어 버리는 것이다. 이는 물신적인 사고, 즉 놀이터에 상징물이 있어야 한다는 생각이 크기 때문인 것 같다. 사람을 중심으로 생각하지 않고 말이다.

놀이터는 '충분히 뛸 수 있는 곳'이어야 한다. 한 번에 쭉 내달릴 수 있어야 하는 곳이 놀이터다. 과거에는 골목이 이런 역할을 했다. 그런데 놀이터 중간에 이런저런 것들을 갖다 놓으면서 아이들이 마음껏 내달릴 수 없게 되었다. 달리다 보면 놀이터의 구조물에 부딪힐 수밖에 없는 구조이므로 아이들은 부딪히지 않을 정도의 몸짓밖에 할 수가 없다. 아이들의 놀이 활동을 크게 제한해 버리게 된 것이다.

내가 만든 놀이터에는 조합 놀이 기구 같은 것이 없는 경우가 더러 있다. 이를 본 어른들 가운데에는 '대단한 놀이터라고 해서 왔는데 뭐가 없네.' 하는 반응을 보이는 이들이 있다. 여기에서 무엇을 놀이나 놀이터의 주인으로 보는지가 드러난다. 놀이터에서는 노는 아이들이 보여야지 놀이 기구만 보여서는 안 된다. 미끄럼틀 같은 조합 놀이 기구의 기능에 대해서도 다시 생각해 봐야 한다. 놀이터에서 흔히 볼 수 있는 미끄럼틀은 아이들에게 '이 계단으로 올라가서 이 부분을 타고 내려오라'고 말하는, 매우 지시적인 놀이 기구이다. 게다가 미끄럼틀은 한 번에 한 사람밖에 탈 수가 없다. 곧 아이들에게 경쟁하라는 것이다.

그렇다고 해서 놀이터에서 놀이 기구를 다 치워야 한다는 것은 아니다. 아이들의 놀이 본능이나 욕구를 생각하고 놀이터가 있는 곳이 아파트인지 학교인지, 이 구조물이 아이들의 활동을 방해하지 않는지 등 여러 요소를 생각하면서 배치해야 한다는 것이다.

또한 놀이터는 아이들이 옮길 수 있고 변형해 볼 수 있는 것들이 있어서 갖가지 실험을 할 수 있는 곳이어야 한다. 이와 더불어 장애가 있든 없든 누구나 와서 놀 수 있는 곳이어야 한다. 우리는 보통 장애라고 하면 자유롭게 움직이기 어려운 수준의 장애를 떠올리지만, 장애의 정도나 종류는 매우 다양하다. 신체의 장애든 정신의 장애든 어떤 정도의 장애를 가졌든 아이들이 놀이터에 접근하는 데 어려움이 없어야 한다.

무정형화된 놀이터도 필요하다. 지금의 많은 놀이터들은 매우 정형화되어 있다. 우리 집 앞마당에서는 동네 아이들이 불도 피우고 연장도 쓸 수가 있는데, 이런 놀이터를 '모험 놀이터'라고 한다. 우리나라에는 아직 많지 않은 유형이지만 일본이나 유럽에는 그런 놀이터가 꽤 많다. 특히 일본의 경우에는 이런 놀이터가 만들어진 지 40년 정도 됐으며, 도쿄 시내에만 40개 정도가 있다. 모험 놀이터에 온 아

일본의 한 모험 놀이터. 아이들은 모험 놀이터에서 자신이 하고 싶은 것을 스스로 결정하며 마음껏 놀 수 있다.

이들은 넓은 공간을 자유롭게 사용하면서 창의적인 활동을 할 수 있다. 도구를 써 보면서 안전에 대한 감각을 기르는 것은 물론이다. 이렇게 마음껏 활동할 수 있는 놀이터가 정말로 필요한 시점이 되었다. 우리나라도 이런 놀이터들을 하나씩 만들어 가야 하지 않을까?

삶의 공간을 놀이터로

2016년 전라남도 순천시에서 처음 문을 연 '기적의 놀이터'는 현재 4호까지 만들어졌고 곧 5호가 문을 연다. 기적의 놀이터는 획일적인 한국의 공공 놀이터가 변화할 수 있는 성찰의 계기를 마련했다는 평가를 받고 있다. 앞으로 10개를 순차적으로 만들어 갈 계획이다. 당연히 공공 놀이터이다.

내가 공공 놀이터부터 바꾸기 시작했던 까닭은 '보편성'에 대한 고민이 있었기 때문이다. 또한 다른 곳에서도 기적의 놀이터 사례를 참고해 기존의 놀이터들을 함께 바꾸어 나가면 좋겠다 싶었다. 공공 놀이터를 만들어 온 5년은 궁극적으로 학교 놀이터를 어떻게 바꿔 낼 것인가를 고민하는 시간이었다. 기적의 놀이터가 그곳을 찾아오는 아이들과 시민들에게 검증받지 못했다면 공공 놀이터 몇 개를 변화시키는 데에서 끝났겠지만 관심과 호응, 그리고 긍정적인 평가를 받았기 때문에 학교 놀이터에도 영향을 줄 수 있었다.

한국 사회에서는 아이들이 학교를 마치고 나서 공공 놀이터나 이

순천 제2호 기적의 놀이터 '작전을 시작하지'. 2016년 문을 연 제1호 기적의 놀이터 '엉뚱발뚱'을
시작으로 순천시 곳곳에 더 많은 기적의 놀이터가 조성될 예정이다.

런저런 놀이터에 가는 것이 거의 불가능하다. 아이들이 놀 수 있는
유일한 시간은 학교에 있을 때뿐이다. 그런데 학교 놀이터에는 겨울
에는 차갑고 여름에는 뜨거운 스테인리스로 된 놀이 기구 몇 개만 놓
여 있다. 학교 놀이터를 현재의 상태로 놔둔 채 교육의 변화에 대해
논할 수 있을까? 교육 과정을 바꾸는 것 못지않게 아이들이 어디에

서 지내느냐도 중요한 일이다. 교육 과정 개정과 아이들이 머무는 공간을 바꾸는 일, 이 두 가지가 함께 이루어져야만 유의미한 교육의 변화를 이끌어 낼 수 있다.

무엇을 새롭게 만들기 위해서는 접근 방식을 바꾸어야 한다. 기존의 접근 방식을 그대로 유지하면서 새로운 것을 만들기는 어렵다. 학교 놀이터 재구성에 관해 이야기하면 현장에서는 '아, 우리 놀이터가 좀 낡았으니까 신청하자. 새것으로 바꿔 주겠지?'라고 생각하는 이들이 많다. 그런데 내가 말하는 '학교 놀이터의 재구성'이란 기존 놀이터의 낡은 부분을 부수고 새로운 것 하나를 넣는 그런 일이 아니라 학교 전체의 놀이 환경을 바꾸는 것이다. 학교에서 놀이터는 건물에서 제일 먼 곳에 위치해 있다. 하지만 아이들은 학교에서 놀 때 저 구석에 있는 놀이터에서만 놀지 않는다. 아이들은 복도, 현관, 학교 건물이 꺾어지는 코너 등 곳곳에서 논다. 아이들은 학교 전체를 놀이터 삼아서 놀고 있는데, 어른들은 놀이터가 저기 있으니까 아이들이 거기에서만 놀 것이라고 생각하고 그곳만 바꾸면 된다고 생각한다. 이는 큰 오해이다. 그렇기에 학교 놀이터의 재구성은 학교 놀이 환경을 새롭게 보는 일로부터 시작해야 한다는 것이다.

특별한 놀이터를 만들고 큰 비용을 들여서 학교 놀이 환경을 바꾸는 것이 중요한 게 아니라, 아이와 가장 가까이에서 지내는 양육자와 교사가 아이들과 지내는 생활 공간을 놀이터로 여기는 시각을 갖는 것이 중요하다. 우리는 놀이터라고 하면 구획된 곳에 놀이 기구가 있는 모습만 떠올리는데, 그런 것들에 마음을 빼앗기면 가장 중요한 일상의 놀이터를 가꾸지 못한다. 아이들이 놀려면 장소(터)와 시간(틈), 친구가 있어야 한다. 그런데 이 세 가지가 있어도 아이 가까이 있는 사람에게 허용하는 마음이 없으면 아이들은 놀기가 어렵다. 그래서 그런 허용하는 마음이 있는 곳, 그곳을 놀이터라고 나는 정의한다. 아이들은 학교에 번듯한 놀이터가 없어서 놀지 못하는 것이 절대 아니다. 정말로 소중한, 어린이들의 삶 가까이에 있는 놀이터를 잃어버리지 않도록 양육자와 교사들이 '아이들이 하고 싶은 것을 지금 할 수 있는 곳이 놀이터다.'라는, 전환되고 확장된 사고를 하는 것이 필요하다.

∵

교사와 부모, 어린이가 함께 만들어 가는 놀이터

협업으로 탄생하는 놀이터

교사, 부모, 어린이와 공간 혁신 프로젝트를 함께하면서 어려웠던 점은 낯선 길을 가는 데서 오는 두려움을 이겨 내는 것이었다. '이렇게 해서 정말 놀이터가 만들어질까?' 하는 두려움 말이다. 그다음 문제는 '주체들이 1년이라는 기간 동안 서로를 이해하면서 논의할 수 있는가?'이다. 현실적인 어려움은 가령 놀이터를 만드는 데 드는 예산 같은 것이다. 예산이 있어야 일을 시작할 수 있다. 또한 일을 진행할 때 실질적인 역할을 해 줄 전문가들이 시기적절하게 나설 수 있는가도 풀어야 할 문제였다.

단위 학교에서 쓸 수 있는 예산은 많지 않다. 서울·경기와 지역 교육청들의 처지는 아주 다르다. 서울신현초등학교의 경우 예산이 넉넉했던 덕분에 흙산도 만들고 모래 놀이터도 만들 수 있었다. 물론 그렇다고 돈이 많아야 좋은 놀이터를 만들 수 있는 것은 아니다. 쓸 수 있는 돈이 적으면 지혜를 모을 수 있다. 구성원들의 간절한 생각을 모은다면 비용이 적어도 좋은 놀이터를 만들 수 있다. 다만 예산 문제는 유지 및 관리 문제와도 연관된다는 것을 기억해야 한다. 놀이터는 만드는 것보다 그것을 어떻게 유지하고 관리할 수 있느냐가 더 중요하다.

순천 기적의 놀이터 1호는 3년에 걸쳐 여러 사람들과 함께 만들었다. "자, 보세요. 놀이터를 멋지게 만들었어요." 하고 하루라도 빨리 결과물을 보여 주는 데 만족했으면 아마 1년이면 완성할 수 있었을 것이다. 하지만 놀이터를 개장한 뒤 이를 관리할 인력을 확보하는 것이 큰 문제였고, 그러한 조건을 만드느라 3년이 걸렸다. 학교 놀이터도 마찬가지다. 학교나 학부모 운영 위원 등이 관리의 주체로 나서 준다면 예산이 적더라도 아이들과 좋은 놀이터를 만들어 갈 수 있다.

학교에는 아이들 외에도 교사, 학부모 등 여러 주체가 있다. 디자인을 하기 전 먼저 이 세 주체와 워크숍을 따로 진행해서 학교 놀이터를 어떻게 바꾸고 싶은지 이야기를 나눈다. 이때 아이들, 교사, 학부모의 생각을 모아 디자인을 하는 것이 나 같은 놀이터 디자이너의 역할인데, 이 세 주체의 협업을 이끌어 내는 것은 어려운 과제다. 아이들은 무척 열심히 한다. 부모들도 아이들 일이니 관심을 많이 갖는다. 그런데 교사들에게는 할 일이 너무 많다. 계속 위에서 다른 일들이 내려온다. 학교에 더 나은 놀이터를 만들자는 건 한없이 좋은 일 같지만, 그런 '좋은 일'들이 교사들의 업무로 과중할 만큼 내려오는 것이다. 그러므로 교사에게 학교 놀이 환경을 재구성하는 것에 대해 정중히 동의를 구하는 것이 무엇보다 중요하다.

학교에 오래 재직한 교사들은 공간에 대한 이해가 누구보다 깊다. 다른 주체의 참여도 당연히 필요하지만 교사의 동의와 참여 없이는 학교 놀이 환경 재구성 작업이 절대 순항할 수 없다. 그래서 나는 선생님들과 만나면 먼저 "많은 시간을 내지 않으셔도 됩니다."라고 말씀드린다. 놀이 환경이 만들어지면 아이들이 즐겁게 이용할 것이고, 그러면 선생님들께서도 아이들과 지내는 게 조금 수월해지실 거라며 협조를 구한다. 그리고 학교의 모든 선생님이 아니라, 몇 분 선생님만 참여하셔도 좋다고 말한다. 교사들의 동의를 구하지 못하는 일은 학교에서 하지 말아야 한다고 생각할 정도로, 나에게 교사의 자유 의지는 중요하다. 그리고 학교에서 실제로 놀이 환경이나 예산 등을 챙기는 것은 행정실 직원들이므로, 행정실을 먼저 찾아 인사를 드리려고 노력한다. 그러니까 이른바 '서울특별시교육청 놀이터재구성 위원장'으로서 내가 하는 일이란 매일같이 인사하고 부탁하는 일의 연속이다. 이런 어려움을 넘어야 학교 놀이 환경이 만들어진다.

마지막 남은 관문은 설계다. 내가 디자인한 내용을 설계 업체에 넘겨야 하는데 예산이 적어 설계 업체를 찾기가 어려웠다. 어렵게 설계사를 찾아 선의에 호소하며 부탁을 드려서 두 학교의 놀이터를 재구성하고 어린이들이 이용할 수 있게 되었다.

앞서 말했듯이 도시에 사는 초등학교 학생들은 학교를 나온 뒤에는 집 근처 놀이터에 가기가 어렵다. 그래서 어떻게 하든 아이들이 학교 안에 있을 때 즐겁게 놀 수 있는 환경을 만들어야 한다. 함께하는 많은 이들에게 이런 생각을 전하고, 그 밖의 여러 어려운 조건을 넘어 가며 일을 진행했다.

아이들 일에는 정성을 들여야 한다. 뚝딱 만들어서는 "와, 우리가 이런 것을 만들어서 애들한테 줬어." 하고 만족하고 있다가 1~2년 뒤에 가 보면 관리를 안 해서 엉망이 되어 있을 것이다. 이것은 아이들에게 약속을 못 지킨 것이다. 그렇게 하면 안 된다. 보여 주기 위한,

문만 열고 끝내는 그런 과정이어서는 결코 안 된다.

올해 네 개 놀이터를 더 만들면 학교 놀이터 재구성의 윤곽이 드러날 텐데, 초등학교 놀이터만큼 심각한 게 병설 및 단설 유치원 놀이터이다. 유아 교육을 공부한 사람으로서, 이 영역에도 앞으로 관심을 기울여 나갈 것이다.

꿈을 담은 놀이터 프로젝트

2017년부터 서울특별시교육청과 함께해 온 '꿈을 담은 놀이터' 프로젝트는 놀이터를 디자인하는 사람이 마음대로 하거나 주도하는 게 아니라 어린이와 부모, 교사 모두의 생각을 조율하여 놀이터를 만들어 가는 특별한 과정이다. 그 프로젝트의 첫 번째 학교는 서울신현초등학교였다.

신현초등학교에 가서 먼저, 현재 놀이터의 아쉬운 점은 무엇인지, 어떻게 이를 극복할 것인지 등에 관해 교사 및 학부모들과 이야기를 나누었다. 이후에 선생님들은 자체적으로 모임을 꾸려 놀이터를 어떻게 바꿀 것인지 논의했고, 아이들과 함께 실제로 현장을 둘러보고 자신들이 생각하는 좋은 놀이터의 모습을 그림으로 그리거나 모형으로 만들었다. 나는 이러한 여러 주체들의 생각을 모아 한 장의 그림으로 그렸고, 이를 어린이, 학부모, 교사에게 보여 주었다. 이런 자리를 통해 의견을 공유하고 다시 수정하는 과정을 거치면서 설계도를 완성하고 본격적인 공사에 들어갔다.

공사에 들어간 이후에도 아이들은 현장에 나가 놀이터가 만들어지는 과정을 살펴보았고 '시끌벅적'이라는 놀이터 이름도 직접 지었다. 이렇게 여러 사람의 정성이 모여 트리하우스, 모래 놀이터, 흙산, 바다 놀이판 등 네 곳의 놀이터가 완성되었다.

완공 후에는 아이들과 놀이터가 친해지는 시간을 충분히 가졌다. 놀이터는 개장하고 얼마 안 됐을 때 사고가 제일 많이 난다. 익숙하지 않기 때문이다. 그래서 충분히 익숙해지는 시간을 둔 다음에 본격적으로 네 곳의 놀이터들을 개방했다. 안전도 정성에서 나온다.

신현초등학교에 처음 갔을 때 학교를 둘러보니 연못이 하나 보였다. 청량한 기분이 들어 연못에 관해 학교 측에 물어봤더니 수돗물을 대서 인위적으로 만든 것이 아니라 땅에서 올라오는 물이 모여 생긴 곳이라는 것이다. 어떻게 서울 한복판의 초등학교에 샘물이 아직 남아 있는 걸까? 그 기운을 느끼는지 들어가서 발을 담그거나 머무르는 아이들이 여럿이었다. 그 모습을 보니 아이들이 좋아하는 공간이구나 하는 생각이 절로 들었다. 워크숍 때 어린이, 학부모, 교사 모두 이곳에 무언가 만들었으면 좋겠다는 의견을 냈다. 연못 위로는 큰 나무들이 몇 그루씩 있었다. 아이들은 나무에 올라가는 걸 참 좋아한다. 학교에서는 물론 올라가는 것을 금지했지만 나는 어떻게 하면 저 연못과 나무를 아이들이 노는 환경으로 가꿀 수 있을까 고민했다. 아이들에게는 높은 곳에서 내려다보고 조망하고 싶은 욕구가 있다. 조금만 높은 곳에 올라가 봐도 아이들의 시야는 크게 넓어질 수 있다. 그러면 생각의 지평도 넓어지고 이해심도 커지지 않을까? 이런 생각으로 아이들이 다소 높은 곳에서도 안전하게 아래를 내려다볼 수 있는 방법을 여러 주체가 치열하게 고민했다. 마지막으로 도출된 아이디어가 바로 우리가 채택한 트리하우스이다. 높은 곳에서 나무와 연못을 바라볼 수 있고, 인원이 적은 한 개 학급 정도는 옹기종기 앉아서 선생님, 친구들과 함께 이야기를 나눌 수 있는 그런 공간을 떠올렸다. 그리로 올라가는 통로들을 여러 개 만들어서 아이들이 가로질러 가며 놀 수 있으면 좋겠다는 생각도 했다. 마침내 이곳을 트리하우스를 만드는 장소로 결정하고, 학교의 동의까지 얻어 작업을 시작했다.

트리하우스에는 지붕이 달려 있는데 이 지붕을 만들게 된 데에는 사연이 있다. 공사에 들어가기 전 이곳에 어떤 트리하우스를 만들 것인지 그림을 그려서 어린이, 학부모, 교사에게 보여 주는 자리를 가졌다. 그런데 그 자리에서 한 어린이가 자기가 생각한 트리하우스가 아니라며 심각한 반론을 제기했다. "트리하우스는 집이잖아요. 집에는 지붕이 있어야 하는데 저 그림에는 지붕이 없어요. 비가 올 때 비를 피할 곳이 있어야 해요." 맞는 지적이었다. 그래서 실제 설계도에는 지붕을 넣었다.

서울신현초등학교 놀이터 '시끌벅적'에 설치된 '트리하우스'. 나무와 나무 사이를 다리로
연결해 아이들이 이곳저곳을 오가며 놀 수 있다.

　　트리하우스의 바닥에는 탄성 포장재를 깔았다. 이는 일반적으로
놀이 기구에서 아이들이 추락했을 경우 부상당하는 것을 방지하기
위해서 놀이터에 시공하는 것이다. 물론 트리하우스가 놀이 기구는
아니지만 아이들은 놀이 기구처럼 이용할 수 있다. 아이들이 위에 올

라가고 뛰어내리는 과정에서 다치는 상황이 발생할 수도 있는 것이다. 그렇기에 우리는 트리하우스를 만들 때 이것을 놀이 기구로 여기고, 딱딱한 바닥을 까는 대신 탄성 포장재로 된 바닥을 깔았다. 나의 놀이터 철학은 재미와 도전, 그리고 안전을 함께 생각하며 놀이 환경을 만들어야 한다는 것이다. 안전이 아이들의 놀이 욕구를 억압해서는 안 되지만 학교 놀이 환경을 구성할 때 안전 문제는 절대로 소홀하게 생각해서는 안 되는 부분이다.

트리하우스는 아이들이 높은 곳에서 아래를 내려다볼 수도 있지만 아래쪽에 공간이 있어 아이들이 숨고 기어 다닐 수도 있다. 트리하우스를 설계하는 과정에서 아이들이 노는 것을 관찰해 보니 아이들이 위로 올라갈 뿐 아니라 아래쪽에서도 많이 논다는 걸 알게 됐다. 그 안쪽에는 철제 빔의 모서리들이 그대로 노출돼 있었는데 아이들이 아래를 기어 다니다가 자칫하면 거기에 부딪혀 다칠 수도 있다는 것을 깨닫고 고무 쿠션으로 보강 작업을 했다. 이처럼 놀이터는 한 번에 완성하려고 하기보다는 아이들이 노는 것을 보면서 계속 보완해 나가는 것이 중요하다.

모래 놀이터는 아이들에게 큰 안정감을 주기 때문에 유치원이나 어린이집에 다니다 이제 막 초등학교에 온 1~2학년 아이들에게는 놀이 기구뿐 아니라 모래 놀이터도 꼭 필요하다. 그런데 모래 놀이터가 없는 학교가 많다. 그래서 '꿈을 담은 놀이터'에는 모래 놀이터를

서울신현초등학교 모래 놀이터에는 차양이 있어 뜨거운 햇볕이 내리쬐는 여름날에도
아이들이 모래 놀이를 즐길 수 있다.

하나씩 꼭 만드는 것을 원칙으로 삼았다. 여름에는 햇볕 때문에 놀기
가 어렵다는 의견이 있어, 신현초등학교 모래 놀이터에는 차양을 쳤
다. 또 한 가지, 고양이나 개가 와서 모래 위에 대소변을 볼 수 있다는
우려 때문에 교직원들이 저녁에 퇴근할 때 천을 돌돌 펴서 덮어 놓고
아침에 출근해서 다시 열어 놓는 방식으로 관리해 주기로 하셨다. 아
이들이 언제나 깨끗한 모래를 가지고 놀이를 할 수 있게 된 것이다.

신현초등학교에는 건물과 건물 사이에 마땅한 쓰임이 없는 넓은
장소가 있었다. 이 장소를 매력적인 공간으로 만들 수는 없을까 고민

하던 중에 어렸을 때 하고 놀던 사방치기를 떠올렸다. 바닥에 놀이판

그림을 다양하고 아름답게 그리면 좋지 않을까 하는 생각이 들었다.

그래서 그 공간에 전 세계의 다양한 사방치기 문양들을 하나의 라인

서울신현초등학교의 '레인보우 놀이터'.
아이들이 바닥에 그려진 문양을 따라가며 신나게 뛰놀고 있다.

으로 연결해서 두 발, 한 발, 달리고 뛰고, 두 발, 한 발, 달리고 뛸 수 있게 디자인해서 그려 놓았다. 가운데에는 우리가 어렸을 때 했던 오래된 사방치기도 그려 놓았다. 아이들은 자연스럽게 이곳을 한 바퀴 두 바퀴 계속 뛰게 되며, 어느 곳으로 들어오든 놀 수가 있다. 나머지 공간은 아이들이 또 다른 사방치기를 분필로 그려 놀 수 있도록 비워 두었다. 이 예산은 유니세프 한국위원회에서 지원했다.

운동장에는 세 개의 봉우리가 있는 흙산을 만들었다. 교사 워크숍 때 나온 아이디어로, 초등학교라는 공공의 장소에 이런 걸 만든다는 건 엄청난 도전이었다. 놀이터라는 게 아이들이 놀았던 흔적을 볼 수 있어야 하는데, 아무도 놀지 않아 놀았던 흔적이 없는 학교 놀이터들이 참 많다. 하지만 흙산 놀이터에는 아이들이 놀았던 흔적들이 언제나 남아 있다. 앞으로 이곳은 아이들의 놀이 흔적들이 켜켜이 쌓여가는 놀이터가 될 것이다.

이 흙산 놀이터의 봉우리는 처음에는 세 개였지만 시간이 지날수록 두 개로 모였다가 시간이 또 흐르면 하나로도 모일 것이다. 시간이 더 지나면 다시 두 개로 갈라질 수도 있다. 이처럼 흙산 놀이터가 갖는 중요한 의미는 아이들이 그 형태를 계속 바꿔 갈 수 있다는 것이다. 기존의 놀이터들은 그 형태를 절대로 바꿀 수 없다. 흙산 놀이터는 아이들이 무언가를 바꿀 수 있는 유일한 장소가 아닌가 싶어, 개인적으로 무척 소중하게 생각하는 곳이다. 학교에 이렇게 울퉁불

서울신현초등학교의 '흙산 놀이터'.
흙산 놀이터가 지닌 큰 의미는 아이들이 그 형태를 계속 바꿔 갈 수 있다는 것이다.

통하고 거대한 것을 만든 데에는 다른 이유도 있었다. 아이들이 살아가는 세상은 평탄하기만 한 평지가 아니다. 살아가는 일에 굴곡이 있고 변화가 있다면 배움의 공간도 그런 모습을 닮아야 한다. 아이들이 놀이 공간에서 변화와 굴곡을 물리적으로 경험할 수 있다면 좋겠다고 생각했다.

서울특별시교육청의 놀이터 재구성 프로젝트는 놀이터를 바꾸는 게 아니라 학교의 놀이 환경을 바꾸는 일이다. 기존의 학교 놀이터를 만드는 것보다 훨씬 진전된 기획이다. 보통 학교 놀이터라고 하면 전형적으로 미끄럼틀이 하나 있는 곳을 생각하지만, 아이들은 어른들이 놀라고 만들어 놓은 놀이터에서만 노는 게 아니라 학교의 곳곳에서 논다. 신현초등학교와의 작업에서는 아이들의 놀이 장소를 분리하는 식의 관점에서 탈피하여 "얘들아, 학교 곳곳이 다 너희들 놀이터란다."라고 선언하고 아이들의 놀이 요소를 발견하는 그곳에 놀이 환경을 조성했다. 신현초등학교가 한국의 많은 초등학교 및 유치원의 놀이 환경을 바꿔 가는 작은 마중물이 되기를 기대한다.

놀이터와 놀이에 대한 끝없는 고민

어린이의 시선에서 고민하다

어렸을 때의 기억을 되살려 보면 사당동 산24번지 산동네에서 살았던 시절이 가장 즐거웠던 것 같다. 그때는 시간도 많았고 놀 친구들도 많았고 여러 장소를 얼마든지 뛰어다닐 수 있었다. 어른이 된 지금도 어려운 일이 있을 때 그때를 돌이켜 보면 크게 위안받고 숨통이 트일 정도로, 그 시절은 내게 즐거운 기억으로 남아 있다. 현재의 아이들은 우리가 지내던 것과는 무척 다른 환경 속에서 지내고 있다. 이 아이들도 어른이 되면 한국 사회에서 부지런히 바쁘게 시간을 보내야 할 텐데 어렸을 때마저도 바쁘게 지내야 한다는 건 아이들에게 가혹하다는 생각이 들었다. 그래서 열 살 안팎의 아이들이 조금 더 넓은 장소에서 조금 더 한가하게 시간을 보내게 해 줄 수는 없을까 하는 생각으로 놀이터와 놀이에 대한 고민을 이어 오고 있다.

안동에 살면서 권정생 선생을 만날 기회를 얻어 그로부터 아이들을 독립된 존재로 보는 시각을 배웠다. 이후에는 놀이터 스승을 만나게 되어 지금껏 배우고 있다. 독일의 귄터 벨치히 선생님으로, 2019년에 76세가 되기까지 45년 동안 약 1만 5,000개 정도의 놀이터를 직간접적으로 설계한 분이다. 선생께 늘 묻고 답을 들으면서 1년에 한 번 정도는 직접 가서 공부하는 시간을 갖는다. 궁금한 것들을 여쭈어 보면 어린이와 놀이에 관한 혜안의 말씀을 주신다.

지금까지 놀이터를 몇 개나 만들었고, 또 놀이에 관해 오랫동안 연구하며 책들도 펴냈지만 아직도 아이들에 대해서 아는 게 부족한 것 같다. 놀이터를 만들고 나서 이후에 그곳에 다시 가 보면, 오랫동안 공부하고 만든 놀이터인데도 아이들이 예상과 전혀 다른 방식으로 사용하는 경우를 정말로 많이 보게 된다. 아이들과 내가 함께 만든 놀이터에서 아이들이 신나게 놀고 있는 모습을 보면 참 즐겁고 행복하지만 한편으로는 '아이고, 이 부분은 어른의 생각으로 디자인했구나.' 하며 아차 싶을 때도 많다. 그런 것들은 큰 배움이 된다. 그다음에 놀이터를 만들 때는 같은 실수를 하지 않으려고 절치부심한다.

만일 놀이터 디자이너의 길로 들어서고 싶은 이들이 있다면, 어린이가 누구인지에 대해서 깊이 공부하는 것이 가장 먼저라는 이야기를 하고 싶다. 그다음으로 해야 할 일은 놀이에 관한 인식을 정립하는 것이다. 놀이가 무엇인지, 즉 누군가 시켜서 하는 게 놀이인지, 잘 짜여진 프로그램이 놀이인지, 이런저런 이름이 붙어 있는 게 놀이인지, 아니면 아이들이 하고 싶은 걸 하는 게 놀이인지……. 이런 고민과 공부를 충분히 한 다음에 놀이터를 만드는 일에 나서도 절대 늦지 않다. 현재 한국의 놀이터들이 지금과 같은 어려운 상황에 놓이게 된

까닭은 아이에서 출발해 놀이를 지나지 않고, 바로 놀이터를 짓는 일로 뛰어들었기 때문이다. 아이들에게서 출발해 놀이를 지나서 놀이터로 가는 길로 들어서야 한다.

공공 놀이터를 새롭게 조성하는 일에 관심을 가지고 지역 및 지자체에서 일을 추진해 보려는 분들은 순천에 와서 기적의 놀이터를 직접 참관해 보기를 추천한다. 4호까지 문을 연 순천 기적의 놀이터에는 놀이터마다 활동가가 한 명씩 있으니 언제든 안내를 받을 수 있다.

놀이 환경의 개선을 위한 선결 과제

시 당국과의 오랜 대화 끝에, 순천시 기적의 놀이터 활동가들은 모두 2018년 1월 2일 자로 정규직으로 임용되었다. 앞서 말했듯 놀이터는 만드는 것보다 어떻게 유지하고 관리할 것인가가 훨씬 더 중요하다. 자연스럽게 유지 및 관리가 이루어질 수 있는 방향으로, 즉 유지 인력의 임금이 놀이터 계획에 포함될 수 있도록 노력했다. 활동가들은 심폐 소생술 같은 응급 처치법을 비롯해 놀이터에서의 안전 문제와 관련된 것들을 숙지하고 있으므로, 양육자들은 믿고 아이들을 기적의 놀이터에 보낼 수 있다.

학교 놀이터에 대해서도 이렇게 접근해야 한다. 아이들이 노는 것을 제한할 수밖에 없는 까닭이 학교 현장에 존재한다. 아이들이 다치는 것에 대해 교사가 모든 책임을 져야 하는 구조 속에서 자유로운 활동을 시도해 볼 수 있겠는가? 좋은 놀이터는 만들어서 도대체 뭘 하겠는가? 놀이 환경을 개선하고 문화를 바꿔 가는 데 있어서 이러한 책임이 교사 한 사람에게만 지워지는 문제를 먼저 해결해야 한다. 그 부분이 바뀌지 않은 상태에서 아이들이 노는 것만 강조하면 중간에서 교사들이 버텨 낼 수 없다. 제도를 보완해 이런 문제가 실제로 개선된 다음에라야 공간 변화에 대한 논의가 원활하게 진행될 수 있다.

일부 교육청에서는 아이들을 방과 후 시간에 학교에 좀 더 머물게 해 아이들이 노는 시간을 늘리는 방안을 고려하고 있다고 한다. 막연하게 생각하면 괜찮은 시도라고 볼 수 있지만, 꼭 그렇지 않을 수도 있다. 어떤 아이들은 학교에 오래 머무는 것을 불편해하기도 한다. 교사 입장에서는 그만큼 아이들을 돌봐야 하는 시간이 늘어난다. 여기서도 해결해야 할 일은 똑같다. 교육청이나 교육부 등에서 놀이와 관련된 정책을 만들 때는 이 부분을 전담할 인력을 추가로 유치해 와야 한다. 이것을 오로지 교사들의 부담으로 떠넘기면 그 정책은 오래 갈 수 없다.

어떤 놀이 환경을 만들거나 어떤 놀이 정책을 시행할 때, 그것을 어떻게 유지하고 가꾸고 꾸려 갈 것인가에 대한 계획이 없다면 그것은 아이들에게 정성을 다하지 않는 것과 마찬가지이다. 장기적인 관점에서 해당 업무를 담당할 사람들에 대한 고려가 반드시 필요하며, 그래야만 학교 놀이 환경과 놀이 정책 등이 제자리를 찾을 수 있다.

놀이터의 공공성, 놀이의 형평성

미세 먼지 등 대기 오염 때문에 도시에서 아이들이 밖에 나가 놀 수 있는 날이 크게 줄어들고 있다. 아이들은 어떠한 일이 있어도 밖에서 놀아야 한다고 20년 동안 강하게 주장해 왔지만, 몇 년 전부터는 공공에서 실내 놀이터를 만들어야 한다고 주장하고 있다. 아이들이 다양한 놀이를 체험하려면 상업적 실내 놀이터도 필요하다. 그러나 사설 실내 놀이터에서는 한 시간 정도 노는 데 5,000~10,000원 정도의 비용이 든다. 내가 놀이에서 가장 중요하게 생각하는 것이 '놀이의 형평성'이다. 가정 환경이 어떻든, 집에 돈이 있든 없든 아이들은 마음껏 놀 수 있어야 한다. 그런데 한 시간에 그 정도 비용을 지불할 수 없는 아이들은 1,000원을 가지고 피시방에 갈 수밖에 없다.

현재는 놀이의 형평성이 심각하게 무너져 있는 상황이다. 따라서 공공 영역, 즉 시청이나 구청이나 주민 센터의 빈 공간을 아이들이 놀 수 있는 공간으로 조금씩 바꿔 가야 한다는 생각이다. 그런 생각으로 시작한 첫 번째 공공형 어린이 실내 놀이터 '숨 쉬는 놀이터'가 2018년 12월 시흥시에서 문을 열었다. 기적의 놀이터처럼 3년을 준비한 프로젝트이다. 학교도 날씨나 대기질이 나쁠 때 아이들이 놀 수 있는 공간을 갖추어야 한다. 빈 교실이나 체육관을 이용해서 학교 건물 안에 실내 놀이 공간을 적극적으로 만들어야 할 시점이라고 생각한다.

우리나라에서 첫 번째로 문을 연 공공형 어린이 실내 놀이터인 시흥시 '숨 쉬는 놀이터'.
조합 놀이 기구, 모래 놀이터, 미끄럼틀 등의 시설이 조성되어 있다.

나는 이렇게 공공 놀이터, 공공형 실내 놀이터, 학교 놀이터 등 크게 세 가지에 관심을 기울이고 있다. 그렇지만 혼자서 다 할 수 없으니 공공 놀이터의 전형을 하나 만들고, 그다음에 학교 놀이터 하나, 그다음에 공공형 실내 놀이터 하나를 만드는 식으로 진행했다. 이렇게 하나씩 만들어 가면서 동시에 순천시나 세종시(모두의 놀이터)처럼 한 도시의 놀이터를 오랜 시간을 들여 바꾸어 가는 일을 하고 싶다. 순천시 '기적의 놀이터', 시흥시 '숨 쉬는 놀이터', 서울시 '꿈을 담은 놀이터' 모두 관심 있는 분들에게 활짝 열려 있으니 이곳들을 참고해 지역에서 자력으로 놀이터를 바꿔 가려는 노력을 기울여 보았으면 한다.

어린이에게 필요한 두 가지

"아이들이 놀아야 합니까? 아니면 공부해야 합니까?" 나에게 이 질문을 던지면 당연하게 "애들은 놀아야죠."라고 대답할 거라고 생각하는 분들이 많은데 그건 큰 오해다. 열 살 안팎의 시기에는 배우기도 하고 자유의 시간을 보내기도 해야 한다. 새들이 두 날개로 나는 것처럼 아이들에게도 지식과 놀이라는 두 날개가 필요하다.

게다가 아이들은 한 가지만 하지 못한다. 내가 모험 놀이터로 만들어 쓰고 있는 시골집 앞마당 바로 옆에는 동네 만화방이 있다. 아이들은 만화방에 엎드려서 만화를 보다가 밖에 나가서 몸을 움직인다. 그러다가 마음이 차분해지면 또 만화방으로 와서 만화를 본다. 이렇게 아이들이 활동을 선택할 수 있게 해 줘야 하는데 우리는 아이들에게 한 곳에 한 가지 용도의 시설만 만들어 준다. 내가 만들고 싶은 것 가운데 하나는 처음부터 도서관과 놀이터를 같이 설계해서 짓는 형태의 놀이터이다. 아이들이 도서관 문을 열고 나오면 밖에 놀이터가 있고 또 놀이터에서 놀다가 문을 열고 들어가면 책을 볼 수 있는 도서관이라니, 얼마나 멋진가!

놀이터 재구성은 그 자체로 훌륭한 교육 과정

기존의 학교 놀이터나 학교 놀이 환경을 바꾼다고 하면 아이들이 "야, 우리가 생각하는 놀이터를 학교에 만들 수 있대.", "이런 걸 만들었으면 좋겠다."라고 하면서 상상력을 확 피워 낼 것 같지만 실제로는 그런 경우가 많지 않다. 우리나라 대다수의 아이들이 자신이 상상한 것을 실제로 만들어 볼 기회를 거의 접하지 못하기 때문이다. 상상은 앞서 쌓아 온 경험을 바탕으로 솟아나고 꽃핀다. 일상 속에서 실험을 자주 했던 아이는 더러 거침없는 상상을 펼치기도 한다. 그런데 대부분의 아이들이 놀이터에서 접할 수 있는 것은 미끄럼틀, 그네, 시소 정도뿐이다. 이 말인즉 아이들에게 "어떤 놀이터에서 놀고 싶어?"라고 물어보면 아이들은 그 세 가지가 있는 놀이터밖에 그릴 수 없다는 것이다. 이런 현실에 대해 교사와 부모에게 책임을 물으려는 것이 아니다. 우리 아이들이 메마른 상상을 할 수밖에 없는 상황에 처해 있다는 것을 보아야 한다는 것이다.

아이들의 놀이 공간을 조성해 가는 일은 끊임없는 조율의 과정이다. 그 조율의 주체는 부모, 어린이, 교사, 전문가 등 다양하다. 이 네 주체는 서로 처해 있는 상황과 입장이 다르다. 각 주체가 자신의 입장을 어느 정도 양보하고 협력하느냐에 따라 의미 있는 놀이 환경이 만들어질 수 있는지 없는지도 결정된다. 이것이 우리에게 익숙하지 않은 과정인 것은 맞지만, 아이들이 이러한 참여의 시간을 보낸 뒤에는 불편과 맞닥뜨렸을 때 그것을 넘어서려면 어떻게 해야 할지 스스로 궁리하며 해결책을 찾는 과정이 이어질 거라고 본다. 사실 이런 과정이 결과물로서 실제로 만들어진 놀이터보다 더 중요하다. 어떻게 보면, 놀이 환경이나 학교 공간 등은 그런 과정의 결과로서 만들어지는 것일 뿐이다.

놀이터를 만드는 주체들에게 꼭 하고 싶은 말은 놀이 환경을 함께 만들어 가는 과정 속에서 아이들과 우리가 더 많은 것을 배울 것이라는 생각을 가지고 정성을 다해야 한다는 것이다. 내가 학교에서 놀이터 만드는 일을 중요하게 생각하는 이유, 복잡하고 어려운 것투성이임에도 이 일을 계속 해 나가는 이유는 이 자체가 바로 최고의 교육 과정이기 때문이다. 학교의 놀이터를 재구성하는 과정에서 아이는, 아이가 생각했던 것들을 아이가 그리고 만들어서 아이가 이용한다.

우리가 우리의 문제를 직접 푸는 훌륭한 교육 과정으로서 학교 놀이터 재구성 과정을 경험하는 학교가 많아지길 바란다.

그리고 여러 주체가 놀이터를 만드는 데 참여하면서 깨우친 것들이 다른 배움의 동기로 확산되기를 바란다. 문을 여는 게 중요한 게 아니라 문을 열고 난 뒤에도 어떻게 하면 아이들 사이에서 이 놀이 환경을 계속 유지하고 관리할 수 있을지를 고민했으면 한다. 학교 놀이 환경 재구성 프로젝트는 작게 시작했지만, 앞으로 국내의 많은 초등학교와 병설 및 단설 유치원 쪽으로 확장되리라 생각한다. 학교마다 다른 특성을 오롯이 살려야 함은 물론이다. 이 '다름'을 잘 살려야 초등학교와 유치원에 다양한 놀이 환경이 만들어질 수 있다.

끝으로 학교 놀이 환경은 누가 만들어 주는 것이 아니라 우리가 가꾸는 것이라고 말하고 싶다. 이용하는 사람이 주인이 아니라 가꾸는 사람이 주인이다. 우리가 아이들과 함께 놀 놀이 환경이므로, 우리가 아이들과 함께 만들고 가꾸어 가야 한다.

놀이터는

어린이가

몸으로 시를 쓰고

마음으로 그림을 그리며

힘껏 뛰노는 어린이 땅입니다.

학교 놀이터에서

어린이가 놀며 떠드는 소리는

세상에서 가장 아름다운 노래입니다.

'꿈을 담은 놀이터'를

서울의 어린이들이 놀이로

시를 쓰고 그림을 그리고 노래 부를 수 있는

어린이의 꿈터로 가꾸겠습니다.

"얘들아! 꿈터에서 같이 놀자!"

— 편해문, 「꿈을 담은 놀이터」

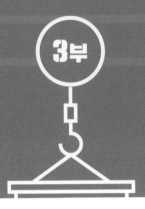

3부

공간과 함께
성장하는 아이들

배성호 _ 서울삼양초등학교 교사

66 우리 학교에서 어떤 곳을
새롭게 바꿔 보면 좋을까요?
학생들과 함께 시작해 보세요! **99**

학교 공간을 보는 새로운 시선

익숙한 공간 다시 보기

우리는 공기처럼 익숙한 것의 의미를 놓치는 경우가 많다. 요즘 학교를 두고 그 모습이 근대 감옥의 모습과 비슷하다는 푸코의 이야기가 많이 회자되지만, 나는 여러 한계에도 불구하고 학교는 살아 있는 공간이라고 생각한다. 문제는 '어떻게 살아 있을 것인가?'이다. 교사와 학생들의 주 생활 공간인 학교에서 우리는 어떻게 행복하고 재미있게 지낼 것인가? 이 문제에 관심을 가진 이후 나의 교직 생활은 많이 달라졌다. 익숙한 일상의 공간을 새롭게 다시 보며 고민하게 된 것이다. 이 글을 읽는 분들도 학교가 아이들의 생활 공간이라는 측면에서 학교의 공간들을 새롭게 보았으면 한다.

나는 먼저 선생님들에게 교실과 복도라는 공간을 다시 생각해 보길 권하고 싶다. 교사들은 아이들에게 복도에서 뛰지 말라고 자주 이야기한다. 안전사고가 나거나 위험한 상황이 생길 수 있기 때문이다. 그러나 다르게 생각해 보면 복도의 뻥 뚫린 공간을 보고 질주 본능이 일어난다는 것은 아이들이 대단히 건강하다는 증거가 될 수도 있다. 복도에서 뛰지 말라고 무조건 제한하기보다는 아이들이 공간을 향유할 수 있도록 환경을 개선하는 시도가 선행되었으면 한다. 지금도 많은 학교가 일자형 복도를 취하고 있는데, 사실 일자형 복도를 볼 수 있는 곳은 서대문 형무소나 역사관 같은 곳들이다. 일자형 복도가 무조건 나쁘다는 것은 아니지만 새롭게 설계하거나 공간을 구획할 때 약간의 변주를 한다면 아이들도 훨씬 더 흥미로워할 것이다. 나역시 학교 복도에 변화를 주기 위해 소파를 가져다 두었다. 그랬더니 놀라운 일이 생겼다. 복도에 소파가 놓인 후 복도는 동네 사랑방처럼 아이들로 북적이게 되었다. 아이들은 복도를 쉼터이자 정보 나눔터로 사용했다. 그저 소파를 하나 갖다 놨을 뿐인데, 복도가 아이들에게 훨씬 더 친근한 공간으로 바뀐 것이다.

독일의 민주 시민 교육을 배우기 위해 베를린 현지 초등학교를 탐방한 적이 있다. 학교에 도착해서 가장 먼저 느낀 것은 '아, 독일 어린이들도 시끄럽구나.'라는 일종의 동질감과 반가움이었다. 인상적이었던 점은 그러한 소음 문제의 해결 방법을 학교 공간 구성과 연관지어 모색했다는 것이다. 이 학교는 복도처럼 학생들이 많이 모이는 공간에 소리가 울리지 않게 잡아 주는 흡음판을 설치해 놓았다. 우리나라 학교에서는 비 오는 날이면 평소보다 소리가 웅웅거리고 시끄럽게 들려 불편을 느끼는 경우가 많다. 그런 문제를 해결할 방법을 찾는 과정에서 독일 학교의 사례가 힌트가 될 수도 있을 듯하다.

이 학교는 복도 중간에 소파나 화분 등을 배치해 복도를 휴식 공간으로 활용할 수 있게 만들어 두었다. 그리고 교실에는 아이들이 수업을 받다가 힘들 때 잠깐 쉴 수 있는 장소가 있었다. 학생들이 교실을 학습의 공간으로만 쓰는 것이 아니라 일상의 공간으로도 쓴다는 것을 고려한 것이다.

독일 베를린에 소재한 한 학교의 교실. 학생들이 수업을 받다가 힘들면 잠깐 누워 쉴 수 있게 해 두었다.

독일 베를린의 한 학교 놀이터에는 아이들이 적절한 위험을
접할 수 있는 다양한 구조물이 있다.

이곳의 놀이터에서 신나게 노는 아이들을 따라 미끄럼틀에 올라 갔다가 쉽게 내려오지 못했던 일이 있다. 그 미끄럼틀의 높이는 무려 8미터 정도 됐다. 그 학교의 선생님에게 미끄럼틀이 너무 위험한 것 아니냐고 했더니 그분이 재미있는 얘기를 해 주었다. "당연히 위험하죠. 그런데 이런 적절한 위험은 오히려 아이들이 스스로 안전을 생각할 수 있게 해 줍니다. 실제로 안전사고도 거의 일어나지 않았고요." 학교 공간을 재구성할 때 반드시 고려해야 하는 부분은 안전이다. 다만 이런 사례들을 보며 우리도 안전한 환경이 무엇인지를 재고하고 재정의할 필요가 있다.

조금 다른 이야기지만 학교 안전에 관한 국내 사례 가운데 초등학교 6학년 2학기 사회 교과서에 실려 있는 내용이 인상적이어서 소개한다. '민주주의와 인권' 단원에서는 학교생활 중 학생들의 인권을 침해하는 사례로 보건실을 들고 있다. 학교의 전교생 수에 비례해 보건실 크기가 결정되는 것이 아니라, 학생 수가 많든 적든 학교마다 보건실 크기가 일정하다는 것이다. 보건실 안에 비치된 침대가 네 개 이상인 경우는 거의 없었다. 해당 단원에서는 보건실에 침대와 같은 기본적인 시설을 충분히 갖추는 것이 바로 인권 보장이라는 점을 제시하며, "학교 내에서 인권을 보장받기 위해 어떤 것을 바꾸면 좋을까요?"라는 학습 문제를 제시해 두었다. 인권 보장이라는 측면에서 학교 공간을 다시 살피면 개선해야 할 부분을 발견할 수 있을 것이다.

학교 안팎의 환경 살피기

최근 공간(형식)이 내용을 지배한다는, 즉 어떤 공간에 있느냐에 따라 심리적·정서적 요소 및 사회적 관계들이 달라질 수 있다는 개념이 교육계에서 주목받고 있다. 따라서 학교 공간에 대한 관심은 더욱 높아질 것이다. 교실 및 학교의 규격을 획일적으로 마련하는 것이 아니라 학교의 위치와 환경에 따라, 예를 들어 '학교가 산이나 강 근처에 있는지', '나무나 수풀이 많은지', '경사가 있는지' 등을 잘 고려해서 공간을 만든다면 훨씬 더 매력적인 장소가 생겨날 수 있을 것이다.

학교 공간 혁신에 관한 다양한 사례가 논문들에 소개되고 있는데, 내가 근무하고 있는 서울삼양초등학교의 공간 구성에 관한 내용은 경기대학교 이영범 교수의 논문에 한 가지 사례로 실렸다. 이 논문은 학교 공간을 사용하는 학생 및 교사들의 설문 내용을 충실히 실었다는 점에서 매력적이다. 삶터로서의 학교 공간을 새롭게 살피면서, 함께 만들어 가는 학교를 꿈꾸게 해 주는 연구 보고서다. 결과적으로 멋진 공간을 만드는 것도 중요하지만, 더디더라도 그 과정에 공간의 주인공인 학생들이 직접 참여하도록 하는 것은 시도해 볼 만한 일이라고 생각한다. 채광 및 소음, 온도 등 이상적인 교실 환경에 관한 분석 자료들이 많이 나오고 있으므로 이러한 기본적인 측면을 개선해 가면서 학생들의 참여를 유도해 보았으면 한다.

자세히 보아야 예쁘다는 어느 시인의 말처럼 학교도 자세히 보면 새롭고 예쁜 부분이 많다. 학교 공간을 재발견하기 위한 활동으로, 아이들에게 일회용 카메라로 학교를 오가는 길에 가장 좋아하는 곳을 찍어 보라고 하거나 등·하굣길에서 우리를 도와주는 분들을 찍어 보게 할 수 있다. 이런 실험들을 아이들과 함께하되, 학교 공간을 재구성하는 활동을 할 때에는 현실적으로 운영할 수 있는 환경 예산 등을 활용하면 좋을 것 같다. 학급 회의 시간을 통해 환경 활동 예산 사용처를 아이들과 함께 결정하면 어떨까? '학교 자치', '학생 자치'가 중요하다고 말하곤 하지만, 지금까지 학생들에게는 책임만 있고 권한은 없었다. 학교 내의 교실 및 복도 공간들을 바꾸고자 할 때 그 예산을 학생들이 직접 집행할 수 있도록 교사들이 돕는다면, 학생들은 책임감을 갖고 알찬 학급 회의를 진행할 수 있다.

상상력으로 불어넣는 생명력

창의 클래스의 시작

내가 재직하고 있는 서울삼양초등학교에서는 서울특별시교육청과 하자센터(서울시립청소년직업체험센터)가 공동으로 기획한 '창의 클래스'를 진행했다. 건축가, 교육 전문가, 서울시립대학교 대학원생, 촬영 전문가, 그리고 나와 학생들이 협업하여 수업을 만들어 갔다. 수업은 2016년 4월 말부터 다음 해 2월까지 진행되었는데, 대개 이런 프로젝트 수업을 할 때는 결과에 초점을 맞추기 쉽지만 우리는 과정을 더 중요하게 여겼고, 학생들이 그 중심에 있도록 최선을 다했다. 9월 말경이 되자 학생들은 "선생님, 우리 졸업하기 전에 뭐 하나 바꾸고 나갈 수 있어요?"라고 진지하게 묻고 이제는 우리도 무언가를 하고 싶다며 먼저 제안을 해 왔다. 이런 이야기가 나올 때까지 교사들과 전문가들은 학생들을 기다렸다.

우리의 창의 클래스는 애초에 어떤 것을 바꾸기로 정하고 시작한 수업이 아니었다. "얘들아, 너희들 평상시에 어떻게 노니? 뭐 할 때가 좋아?"라고 묻는 일이 출발점이었고, 학생들뿐 아니라 교사들이 일상을 영위하는 공간으로서 학교를 재검토 또는 재발견해 가려고 했다. 이것이 5~7월까지 3개월 동안 이루어졌다. 학교의 위험한 곳, 안전한 곳, 그리고 학생들이 즐겨 노는 곳들을 알게 돼서 정말로 즐거운 시간이었다. 그러고 나서 본격적으로 그 일에 뛰어드는 학생들의 의지는 매우 높았다.

개선할 장소에 대한 의견을 모으는 과정에서 '학교의 주인은 누구인가?'라는 논쟁이 일어났다. 그때는 나도 내심 찔렸다. 우리는 늘 학교의 주인은 학생이라고 얘기하지만, 학생들은 아직 학교운영위원회에도 참여하지 못한다. 하지만 우리의 프로젝트에서는 학생들이 주축이 되었고, 아이들은 "아, 정말로 이렇게 바꾸어 낼 수 있다면 우리가 학교의 주인이 된 기분을 느낄 수 있을 것 같다."라는 이야기를 많이 했다.

아이들이 직접 아이디어 스케치를 했는데, 한 학생이 다소 급하게 그리는 것을 보면서 '너무 성의 없이 그리는 것 아닌가?'라는 생각을 했다. 그런데 건축가 선생님이 그 작품을 보고 나서 "야, 선이 살아 있다."라고 칭찬을 하는 것이 아닌가. 선생님은 이 그림이 전문적인 미술 교육을 받아 그린 것은 아니지만 선이 뻗어 나가는 게 대단히 힘차고 새로운 가능성을 열어 주는 것 같다고 이야기해 주었다. 무궁무진하게 자라날 수 있는 아이의 가능성을 내가 가진 잣대로 재단했다는 것에 대해 반성했다. 학교 바깥의 전문가들과 협업하고 기록하면서 내가 해 왔던 다른 수업들도 돌아보게 되었고, 이 프로젝트 속에서 교사도 더불어 성장할 수 있음을 깨달았다.

이 창의 클래스는 미술 수업을 중심으로 통합 교과로 운영하며 아이들이 창의적인 체험 활동을 할 수 있도록 구성했다. 이와 비슷한 교육 과정을 꾸린다면 초등학교 과정에서 좀 더 탄력적으로 대응할 수 있을 것 같다.

학생들의 손으로 이끈 학교의 변화

서울삼양초등학교는 높은 곳에 위치해 있어 전망이 좋기 때문에, 학생들은 옥상 개방을 강렬하게 원했다. 아이들은 처음에 옥상을 자력으로 개방하기 위한 '옥상 따자'라는 팀을 만들었다. 옥상이라는 공간은 참 매력적이기도 하지만 위험하기도 하다. 다행히 팀 내부에서 안전 문제도 고려해야 한다는 의견이 나와 학생들이 교장 선생님과의 면담을 신청했고, 그 면담을 내가 주선하고 기록자로서 참여했다. 교장 선생님은 옥상으로 올라가는 유휴 공간을 바꿔 보자는 합리적인 제안을 해 주셨고, 그 덕분에 조망을 살리면서 학생들의 힘으로 공간을 새롭게 바꾸는 일이 추진력을 얻게 됐다. 그리고 학교에서 낙서란 전통적으로 금기의 대상이었지만, 우리의 프로젝트에서는 '그래피티처럼 낙서도 공적으로 펼칠 수 있다.'는 논의가 이루어져 낙서할 수 있는 공간을 만들었다.

아이들은 이 공간에 대한 만족도가 가장 높았다. 이 공간을 만들고 나서 다같이 "와!" 하면서 만세를 불렀던 일이 지금도 기억난다. 우리가 이렇게 해냈다는 감격이 컸다. 이 공간에서 아이들이 가장 많이 하는 활동은 역시 낙서다. 수업 시간에 서운했던 일, 즐거웠던 일 등을 쓰기도 하고 좋아하는 연예인에 대해 쓰기도 한다. 졸업생 친구들은 스승의 날 나를 이 공간으로 부르기도 한다. "저희가 만들었잖아요."라는 자부심에 찬 말을 건네면서. 학교 안에 이렇게 기억에 남

서울삼양초등학교는 옥상으로 올라가는 계단이 있는 공간을 누구나
자유롭게 낙서할 수 있는 곳으로 꾸몄다.

는 장소가 있다는 것은 굉장히 의미 있는 일이라고 생각한다. 진짜로 옥상을 개방하고 싶었다고 말하며 아쉬움을 토로한 학생들도 있었지만, 타협안으로서 제시되었던 이곳을 이렇게 변화시킨 것도 괜찮다고 얘기하는 학생들이 많았다.

한편 이곳은 '공간을 관리한다'는 측면에 대해 생각해 보게 만든 장소이기도 하다. 공간을 만든 이후 정해진 낙서대뿐 아니라 다른 공간에도 많은 낙서들이 생기기 시작했다. 이런 부분을 어떻게 할 것인지가 전교운영위원회에 안건으로 올라왔고, 학생들이 스스로 활용 방안에 대해 논의하여 학급에서 내놓은 대형 그림들을 붙여 놓기로 결정했다. 학생들이 스스로 만들어 놓은 공간에 '학생 자치'라는 새로운 의미를 덧붙이는 과정이었다고 생각한다.

이곳을 좋아해 자주 방문하다 보니, 학년별로 주된 사용 시간대가 있다는 걸 알게 됐다. 저학년들이 주로 와서 쓰는 시간대와 고학년들이 찾아오는 시간대가 다른데, 신기하게도 아이들도 서로 그 시간대를 맞춰 주는 편이다. 저학년 친구들이 있으면 고학년들이 양보해 주고, 고학년이 많을 때는 저학년들이 양보하는 식이다. 이런 공간을 만든 뒤 학생들이 이를 향유하는 시간과 그 질을 살펴보는 것도 의미 있는 활동이 될 것이다. 차후에는 암막 스크린을 설치해 영화도 감상할 수 있게 할 계획이다. 이런 계획이 실현되면 더욱 충만하고 아이들의 사랑을 한 몸에 받는 공간으로 거듭날 수 있을 듯하다.

한편 서울삼양초등학교는 경사도가 워낙 가팔라서 아이들이 점심 시간에 운동장에서 놀기가 어렵다. 운동장에서 놀다가 교실까지 올라오는 게 너무 힘들기 때문이다. 그래서 아이들이 선택한 곳이 뒤뜰이다. 뒤뜰 공간은 자연이 수려해, 아이들이 너무나 좋아하고 많이 뛰어노는 곳이다. 아이들에게 이 공간을 어떻게 바꾸면 좋겠냐고 물었을 때, 가장 많이 나왔던 대답이 "가방이나 실내화 주머니를 놓을 곳이 있으면 좋겠다."라는 것이었다. 그래서 벽면에 가방이나 실내화 주머니를 걸 수 있는 고리를 마련했다. 학교에 처음 방문하는 분들은 '어, 여기서 수돗물이 나오나?'라는 의문을 갖기도 한다.

야트막한 언덕과 조화를 이루면 좋겠다는 바람을 담아 디자인한 벤치 역시 아이들이 무척 좋아하는 곳이다. 비가 오면 아이들은 벤치 사이에 만들어 둔 쉼터로 들어간다. 건물 안쪽으로 가면 비를 피할 수 있는데 뭐 하러 여기에 있느냐고 물어보면 빗소리가 바로 들리는 게 너무 좋다고 한다. 뒤쪽 공간에도 아이들이 편안하게 앉아서 쉴 수 있는 공간을 마련해 두었다. 새로운 공간을 만들다 보면 어쩔 수 없이 기존에 있던 나무를 베어 내야 하는 경우도 있는데, 나무를 살리고 싶다는 아이들의 의견을 수렴해 나무를 베지 않고 그 주변에 판자를 덮어 야트막한 평상을 만들었다. 혹시라도 나무들이 죽어 버리지는 않을까 걱정을 많이 했는데 고맙게도 잘 자라 주었다.

그런데 아이들이 야심 차게 준비한 작품 전시대의 의도를 그 후배

서울삼양초등학교 뒤뜰. 두 개의 벤치 사이에 지붕이 있는 쉼터(사진에서 왼쪽)가 있어 학생들은
비 오는 날이면 이곳에 모여 빗소리를 즐긴다. 벤치 앞쪽에는 학생들의 의견을 반영하여 가방이
나 실내화 주머니를 걸어 둘 수 있는 공간(사진에서 오른쪽)을 마련해 두었다.

들이 잘 간파하지 못했다. 작품 전시대에는 학생들이 미술 시간에 만든 다양한 작품들을 걸어 두려고 했는데, 그렇게 이용되지 못하고 숨바꼭질 장소로 활용되는 중이다. 시행착오는 당연히 있는 법이어서, 다시 학생들의 작품을 걸어 두거나 이곳이 어떤 의도를 가진 장소라고 표시를 하면 어떨까 의논하고 있다. 옥상의 사례에서도 보았듯이, 새로운 공간을 만드는 것만이 중요한 것이 아니라 사용하는 과정에서 학생들 스스로 관리하고 의미를 부여하고 재창조하는 일이 필요하다.

뒤뜰 공간에는 굉장히 매력적인 장소가 있다. 계단을 통해 이어지는 작은 오솔길이다. 대개의 경우 안전 문제 때문에 이런 공간들을 방치하는 경우가 많지만 산책로로 활용하면 좋겠다며 교장 선생님이 제안해 주셨다. 이곳이 생기자 아이들도 무척 좋아했다. 결국, '안전을 고려해야 한다'는 현실과 '공간을 향유하고 싶다'는 생각을 어떻게 조화시킬 수 있을 것인지가 관건이다. 독일의 사례에서 보듯이 안전이란 '위험한 것은 없애자.'라는 생각으로 확보될 수 있는 것이 아니다. 학생들이 자잘한 위험과 마주하면서 진짜 안전이 무엇인지 체득할 수 있도록 이 공간을 구성해 나갈 방법을 고민해 보고 있다.

학교마다 텃밭은 있지만, 이를 제대로 활용하는 경우는 드물다. 우리 학교도 마찬가지였다. 아이들은 자신들이 성장하듯이 학교에 있는 텃밭에서 식물들이 자라는 것, 작물들이 자라는 걸 관찰하길 좋아

서울삼양초등학교의 뒤뜰 한쪽에는 짧은 산책로로 이어지는 계단이 놓여 있다.

했지만 막상 그 작물들을 키울 도구와 그것들을 보관할 장소가 없었다. 게다가 식물들을 관찰하며 머물 만한 공간도 없었다. 그래서 학생들은 농기구 보관함이자 의자로 쓸 수 있는 벤치를 만들자는 제안을 했고 이를 실현시켰다. 여기에 기대하지 못했던 효과가 하나 생겼는데, 이곳이 신나는 놀이터가 됐다는 사실이다. 이 공간이 가장 인기 있는 계절은 겨울이다. 학생들은 경사가 있는 곳에서 썰매를 탄다. 안전사고의 위험이 있어서 제지를 받기도 하지만, 일상적인 공간이 놀이 공간으로서 재창조된다는 점이 의미 있게 느껴졌다.

지금까지 소개한 세 개의 공간 가운데 텃밭이 가장 잘 관리되고 있다. 이곳에서 수업이 자주 이루어지다 보니 필요에 의해 시시때때로 변화가 일어나기 때문이다. 미술 시간에는 자라는 농작물을 그리기도 하고, 실과 시간에는 농작물 관찰 수업을 한다. 처음에 가장 주목받았던 곳은 옥상으로 이어지는 공간이었고 그다음이 뒤뜰이었다. 텃밭은 가장 주목받지 못했던 공간이었지만 지금은 가장 많이 활용되는 것을 보면서 '처음에 의도한 것과 실제로 사용하는 게 이렇게 달라질 수 있구나.' 하는 점을 확인할 수 있었다.

공간을 만들 때에는 조화라는 요소도 중요하기 때문에, 새로 만든 장소들이 자연환경과 결을 맞출 수 있도록 뒤뜰과 텃밭에서는 목재를 적극적으로 활용했다. 옥상으로 올라가는 계단 역시 시멘트 위에 나무를 덧댔다.

이 공간들은 이미 학내에서 전설의 장소가 되었다. "우와, 선배들은 이런 걸 만들어서 좋았겠다."라고들 한다. 현재의 학생들과는 이 공간을 리모델링할 계획을 세우고 있다.

요즈음 서울삼양초등학교 외에도 전국적으로 학교 공간을 변화시

서울삼양초등학교는 텃밭 옆에 농기구 보관함이자 벤치로 쓸 수 있는 시설을 만들어 두었다.
이곳은 학생들에게 신나는 놀이터이자 체험 학습의 공간이다.

키려는 작업이 활발하게 일어나고 있다. 환영할 만한 이러한 흐름 속에서, '어떻게 이것을 지속 가능하게 할 것인가?'에 대한 고민이 누락되어서는 안 된다. 당시에 이를 만들었던 선배들의 노력과 손때도 물론 소중하지만, 현재 이 학교에 다니고 있는 학생들이 '나라면 이걸 어떻게 활용할까?'를 생각하면서 자신들만의 공간으로 만들어 볼 수 있는 통로를 만들어 주어야 한다. 크게는 정기 어린이 회의에서, 작게는 학급 회의를 통해서 공간 활용 방안을 고민하고 그 변화를 기록하는 것은 어떨까? 또 초기에 함께했던 건축가 등 전문가들에게 그러한 기록과 새로운 제안을 담은 편지를 써 보면 어떨까? 학교를 다니는 학생들이 계속 이 공간을 변화시킬 수 있어야만 '참여 디자인'의 의미와 생명력이 깊어질 수 있다.

과정 자체로 의미 있는 도전

학교 공간에서 우리가 흔히 놓치는 곳이 바로 교문이다. 늘 드나드는 곳이어도 교문의 형태를 떠올려 보라고 하면 가물가물한 경우가 많다. 교문은 그저 통과하는 곳이 아니라 학교를 오가는 아이들에게 인사를 건네는 뜻깊은 장소이지만 쉽게 간과되고는 한다.

4년 전 나는 서울삼양초등학교의 교문을 새로 만드는 일을 맡았다. 우리 학교는 경사로에 위치하고 있는데, 교문의 폭이 좁다 보니 급식 차량이나 관광버스가 교문에 걸리는 일이 종종 일어났다. 그래서 우리 학교 학생들은 수학여행이나 체험 학습을 갈 때 학교 안에서 버스에 탑승하지 못하고 언덕길을 올라가서야 버스에 오를 수 있었다. 이 문제를 어떻게 해결하면 좋을지 고민하던 차에, 동문회의 제안으로 교문을 새로 만들게 됐다.

이 작업은 학생들의 공모를 받아 진행했는데 그때 다채로운 아이디어들이 쏟아졌다. 아이디어 선정 과정에 나 혼자 참여했다면 단순히 그림을 잘 그린 것을 뽑았을지도 모르지만, 여러 전문가들과 함께 하다 보니 그림 실력 같은 외적 요소로만 뽑지 않을 수 있었다. 100여 명이 넘는 학생들이 글로 적어 낸 새로운 교문에 대한 아이디어를 서울시립대학교 디자이너스 도시공학과 대학원생들과 학부생들의 도움을 얻어 키워드별로 정리했다. 그렇게 정리된 키워드 속에 서울삼양초등학교의 교화, 교목 등 상징 요소가 포함되어 있었다는 점이 놀라웠다. 다양한 의견들 가운데서 곧장 1위를 뽑은 것이 아니라, 우선 심사 위원단을 꾸려서 열 작품 정도를 모았다. 그리고 이 작품들을 학생들에게 소개하고, 선호도 조사를 위해 마음에 드는 작품에 스티커를 붙이게 했다.

아이들이 교문을 만들고자 내놓은 아이디어들은 무척 흥미로웠다. 우선 형태적인 측면에서는 학교 교가에 삼각산이 나오니 삼각산 모양을 따오고 싶다는 얘기가 있었고, 면으로 이루어진 교문이었으면 좋겠다는 신선한 제안도 있었다. 여기서 '면'이란 "○○아, 만나

자!" 같은 메모를 남길 수 있는 알림판을 말한다. 또 차량들이 들어오는 공간과 학생들이 걸어가는 공간이 분리되는 교문이었으면 좋겠다는 제안도 있었다.

교문의 기능적인 부분에서도 좋은 아이디어가 많았다. '햇빛과 비를 피할 수 있는 교문이었으면 좋겠다.', '언덕이 가파른 학교이니 잠시 교문에 앉아서 쉴 수 있도록 휴식 공간이 필요하다.', '어두울 때 주변을 밝힐 수 있도록 불이 들어와 교문이 밝게 우리를 맞아 주었으면 좋겠다.', '학교 마크가 들어갔으면 좋겠다.' 등등. 무엇보다 아이들은 우리가 '아교만', 즉 '우리 학교 아름다운 교문 만들기' 프로젝트라고 불렀던 이 과정들이 교문에 새겨지면 좋겠다고 입을 모아 말했다. 최근 식민지역사박물관 등에서는 시민들의 참여로 박물관을 만들면서 기부자의 이름을 벽면에 새겨 두었다. 그런 것처럼 아이들의 이런 활동 내용을 교문에 새긴다면 한 가지 새로운 전형이 될 수 있지 않을까 하는 생각도 들었다.

가장 독특하고 매력적이었던 아이디어는 '향기가 나는 교문'을 만들자는 의견이었다. 논란을 불러일으킨 아이디어도 있었는데, 사물인터넷과 관련한 것이었다. 학생들이 교문을 통과하면 집으로 "저 통과했어요."라는 메시지가 가도록 만드는 것이다. 이것은 과도한 개인 정보 노출이라며 반대하는 학생들도 있었다. 이 문제는 토론 수업 때 토론 주제로 다루어지기도 했다.

이렇게 다양한 아이디어들을 바탕으로 건축 설계 사무소에서 설계까지 마쳤지만 복병을 만났다. 안전 기준이 강화되면서 언덕이 있는 학교의 교문은 소방차가 들어올 수 있게끔 높이를 높여야 됐던 것이다. 구조 안전 검사로 100여 만 원이 지출되었고, 설계 역시 다시 해야 했다. 그래서 2년 차에 그 절차를 똑같이 다시 밟았다. 공모를 받고 학생들의 작품을 다시 모았으며, 4~5차례 워크숍도 진행했다. 올해는 가능하리라는 기대에 부풀어 있었는데, 모종의 사정으로 교문 리모델링 사업에 대한 예산 지원이 끊어져 버렸다. 두 해째에도 모두가 소망했던 교문 프로젝트가 좌초된 것이다.

졸업해서 중학생이 된 친구들이 왜 아직까지 교문을 안 만들고 있느냐며 연락을 해 온다. 학교의 상징을 만드는 일이 한두 사람 만의 노력으로 되지 않는다는 사실을 알았다. 여러 단계의 논의 및 공론화 과정을 거쳤음에도 좌초했지만, 이 과정 자체는 헛되거나 무의미하지 않았다. 포기하지 않고 다시 올해 아이들과 새롭게 시작하고 있다. 어느 과학책에 '레고로 다리를 만든다면'이라는 내용이 있었는데, 그 부분을 읽다가 레고로 교문을 만들 수는 없을까 하는 생각을 했다. 실제로 여러 군데에 알아 보니 의외로 가능성이 있는 아이디어였다. 현재는 아이들과 '레고로 교문을 만들면 어떨까?'라는 상상 활동을 해 보고 있다.

이렇게 의미 있는 과정이 담긴 소중하고도 유일한 우리 학교만의 교문을 만들어 보는 게 작지만 큰 바람이다. 올해는 이 프로젝트가 어떻게 펼쳐질지 무척 궁금하다. 하나의 도전으로서 그리고 이전에 졸업한 친구들과의 약속을 꼭 지키고자 지금도 새 교문을 꿈꾸고 있다.

새로운 공간, 달라진 아이들

예전에는 책들이 너무 많아 책장에 치이던 서울삼양초등학교 도서실이 완전히 달라졌다. 홍경숙 건축가 덕분이다. 사실 도서실이라고 하면 대부분 책을 많이 비치해 두는 것만 생각하는데, 어린이 도서관은 달라야 한다. 우리 학교 도서실에는 사이사이 인형들이 조화롭게 배치되어 있고, 아이들이 편안하게 누워서 책을 볼 수 있는 공간도 있다. 책과 친숙해질 수 있는 환경이 만들어져서 나도 좋아하는 곳이다.

이 공간을 바꾼 후에 매우 즉각적으로 아이들의 변화를 경험했다. 이전에는 도서실에 가자고 하면 "아, 또 가요?"라든지 "책 별론데……."라고 하던 아이들도 지금은 카페에 놀러 가는 것 같다며 도서실에 가는 것을 좋아한다. 쉬면서 책을 만날 수 있는 공간이 되니, 이전과는 달리 학생들이 먼저 도서실에 가자고 하는 일이 많다.

우리 도서실과 학생들의 변화는 "공간이 바뀌면 태도가 달라진다."라는 말의 전형적인 사례인 것 같다. 책을 멀리하던 학생들도 "와, 이렇게 책 읽으니까 되게 좋다."라거나 "책을 읽는다는 게 참 멋

서울삼양초등학교 도서실. 내부 분위기를 카페처럼 아늑하게 바꾸자 책을
멀리하던 학생들도 도서실을 즐겨 찾게 되었다.

진 일이구나, 기분 좋다."라고 말한다. 익숙했던 우리 교실과 학교 공
간들을 조금씩 손보는 것으로 이런 변화를 이끌어 낼 수 있다니, 교
사로서 새로운 것을 깨닫고 절감하는 나날이다.

　'좋은 공간'의 기준은 사람마다 다 다를 것이다. 우리가 '좋은 음
식', '좋은 음악'이라고 말하는 것이 꼭 특별하고 화려한 것을 가리키

지는 않는다. 자연스러우면서도 질리지 않는 어떤 것을 '좋다'고 하듯이, 학교라는 공간도 그랬으면 한다. 초등학교는 1학년부터 6학년까지 각기 다른 세상에 살고 있다고 할 정도로 학년마다 성장과 발달이 제각각이다. 같은 학년 친구여도 큰 차이가 난다. 이런 차이에 상관없이, 장애가 있더라도 이동이나 활동에 아무런 불편을 느끼지 않을 수 있어야 좋은 학교 공간이라고 할 수 있을 것이다. 장애에 대한 편견이 없어야 하는 것은 물론이다.

또한 물리적 공간을 채운 물질들의 유해성을 점검하는 것도 중요하다. 복도에 놓아 둔 소파, 교실의 책걸상, 학용품 등에 유해한 화학물질이 포함되어 있지는 않은지 살펴볼 필요가 있다. 최근 학생들이 즐겨 사용하는 농구공의 표면에 카드뮴 성분이 많다는 문제가 지적되었는데, 이러한 이야기들을 접하면서 우리 한국 사회가 점점 더 세부적인 부분에 관심을 기울이는 좋은 사회로 바뀌고 있다는 걸 실감한다. 나 역시 기존에는 학교 공간의 외적 변화에만 관심을 두었지만, 이제 그것을 이루는 내·외장재의 질에도 관심을 둔다. 되도록 친환경 페인트를 사용하는 등 안전성이 높은 자재를 사용하려고 한다.

안전 지도 만들기

학교 바깥의 공간을 새롭게 볼 수 있는 활동으로는 안전 지도 만들기를 추천한다. 우리 학교 주변의 어디가 위험하고 어디가 안전한지를 알아보는 활동으로, 여성가족부 및 지역 자치 단체들에서 적극 지원하고 있다. 먼저 인터넷에서 학교와 그 근방이 보이는 지도를 찾아 A4 사이즈로 출력해 아이들에게 나눠 준다. 그런 다음 아이들에게 자신이 생각하는 위험한 곳과 안전한 곳을 붉은색과 초록색으로 각각 표시하게 한다. 안전 지도를 작성한답시고 무턱대고 나가면 오히려 위험한 상황과 마주할 수 있기 때문에 사전 교육을 한다. 사전 교육 때는 아이들에게 안전 유의 사항을 안내한다. 더불어 현장 조사를 할 때는 보조 교사나 학부모 등의 도움 아래 해당 장소를 살펴본다. 아이들이 직접 해당 장소의 사진을 찍어도 좋고, 모둠끼리 같이 다니면서 지역 파출소의 경찰이나 우체국 직원들을 인터뷰하는 활동을 병행할 수도 있다.

조사가 끝나면 학교에 있는 플로터를 활용해 인터넷상의 지도를 크게 출력한 다음, 학생들이 직접 조사해 온 내용을 큰 지도에 표시하게 한다. 아이들에게 포스트잇을 나누어 주고 어디가 위험한지, 어디가 안전한지를 표시하게 하는 것이다. 내 경우는 학교에 폴라로이드 카메라가 있어서 그걸로 사진을 찍어 지도에 직접 붙이기도 했다. 이런 활동들을 한 뒤 이 내용을 학교 현관이나 식당 등에 직접 게시하는 것도 좋다.

안전 지도를 만든 다음에는 구청장에게 편지를 보내는 활동을 했다. 지역 자치 단체장에게 안전 지도 만들기 활동으로 얻은 정보를 토대로 위험한 부분들을 개선해 달라고 편지를 써 보는 것이다. 학생들의 모든 편지는 민원으로 접수된다. 즉 학생들은 민주주의 청원권을 행사해 보게 되는 것이다. 민원에 대해 공공 기관에서는 2주 이내에 답신을 할 의무가 있으므로, 학생들도 자신이 제기한 문제가 어떻게 반영되는지 확인할 수 있다. 실제로 우리 학교 주변에서 찾아볼 수 있던 문제점들 가운데 상당히 많은 부분이 개선되었는데, 그중에서 학교 주변 조명을 밝게 교체한 것을 가장 손꼽을 만하다. 겨울철에는 해가 일찍 지므로 조명이 어두우면 불편하고, 또 어두운 곳은 우범 지대가 되기도 쉽다. 나무로 가려져 후미진 곳은 가지치기를 해서 시야를 확보했다. 공간의 변화를 아이들도 확실히 감지할 수 있었다.

학내 공간도 비슷한 방식으로 함께 풀어 갈 수 있다. 직접 학교 지도를 그려서 어디가 위험하고 어디가 안전한지 확인하고 그것을 학교 선생님들에게 건의하거나 전교 어린이 회의, 전교 학생 회의 등에 안건으로 상정하는 것이다. 현재 학교 공간을 바꾸는 일이 교육청이나 교육부 등 위에서부터 아래로 내려오는 방식으로 일어나고 있다면, 이러한 활동을 통해 학생·교직원·학부모로부터 시작하여 위로 올라가는 형태로 재편할 수도 있다.

동료 교사들과 한 번쯤은 '다 같이 돌자, 학교 한 바퀴'를 해 보며 정문을 시작으로 학교 외곽을 한번 돌아보길 권한다. 우리 아이들이 자주 가는 놀이터는 어떤지, 아이들이 자주 가는 가게는 어떤 곳인지를 점검하고 학교 밖 공간을 살펴본다면 학교 안만이 아니라 학교 바깥에서도 변화를 이끌어 내는 체험을 해 볼 수 있다.

한 가지 더, 안전 지도를 만들기 전에 출근길 또는 등굣길을 지도로 그려 보는 활동도 해 볼 수 있다. 무심코 걷던 길 가운데서 유난히 생각나는 부분도 있고, 전혀 생각나지 않는 부분도 있을 것이다. 아이들도 마찬가지다. 집에서부터 학교까지 오는 길을 그려 보라고 하면 무척 다양한 지도가 나온다. 그 그림을 보며 교사 본인과 학생들의 공간 인식에 대해 알아보고 이야기하는 시간을 가져 보는 것도 좋다.

학교를 바꾸는 유쾌한 도전

함께 나아가는 교육 공동체

최근 학교 공간에 대한 관심이 많아져서 교육청 및 교육부에 전담 부서가 생기고 기획 및 지원이 활발하게 이루어지고 있다는 사실은 감사한 일이다. 학교의 공간을 바꾸는 것은 결과가 눈에 보이고, 학생들이 좋아하는 일을 할 수 있다는 점에서 매력적인 사업이다. 다만 이제는 '우리가 이런 사업을 한다는 것'에서 한 걸음 더 나아가면 좋겠다. 학생들이 중심에 서는 과정을 통해서 학생들이 성장할 수 있도록, 그 발판을 만드는 작업을 교사와 학부모 그리고 교육 공동체가 더불어 해 나가야 할 것 같다. 그리고 이러한 프로젝트에 참여하는 건축가 등 여러 분야의 전문가들이 '열정 페이'로 소모되지 않도록 적정한 비용을 지급하는 것은 물론이고, 그들의 작업을 존중하는 분위기도 필요하다. 기본적인 여건이 갖추어진 상태에서 학교의 변화를 이끌어 내고, 또 그러한 작업이 대중에 활발하게 회자된다면 그 경험은 전문가 본인에게도 이 사회에도 큰 자산이 될 것이다. 여러 전문가들이 교육이라는 대의에 즐겁게 힘을 보태고, 그리하여 점차 교육의 질이 높아질 수 있도록 지금부터 모두가 노력해야 할 것이다.

내 주변에서부터 한 걸음씩

익숙한 공간을 새롭게 보려는 시도, 즉 인식의 확장과 그 실천을 통해 자신의 주변이 작게나마 변화하는 것을 경험하면 새로운 삶이라는 싹이 솟아오르기도 한다. 학교를 변화시키는 이 과정이 아이들에게는 자신의 꿈을 찾는 과정이었으면 좋겠다. 건축적인 부분만을 말하는 것이 아니라, 우연히 관심 있는 분야를 찾아 새롭게 길을 만들어 가듯이 이 일련의 과정이 아이들에게는 진로에 대한 시야를 넓히는 활동이었으면 하는 것이다. 학교에서 오랜 시간을 지내고 아이들을 가르치는 교사들도 학교를 자신과 학생들의 생활 공간으로서 다시 바라보고 모두의 행동 변화를 이끌어 낼 수 있는 방법을 모색해 보길 바란다.

공간을 바꾼다는 것은 물리적 공간이 변한다는 의미 이상이다. 결국 자기가 머무르는 공간을 보는 눈을 바꾸는 것이고, 그러면서 자기 자신과 새롭게 마주할 수 있는 장이 열리니 말이다. 그런 차원에서 교사 여러분이 관심 있는 곳부터 접근해 보길 권한다. 학교에 있는 텃밭에 관심을 갖고 아이들과 함께 식물을 길러 보거나, 복도 색깔을 바꾸거나, 작게는 교실 뒤판을 바꾸는 활동도 큰 의미가 있다. 이 유쾌한 도전에 같이 참여하면서 학교생활에 새로운 활기와 재미를 불어넣고, 아이들과 좋은 경험을 나누면 좋을 듯싶다.

쉼과 여유가 있는
학교 공간

 이승곤 _경기 호평중학교 전 교장

66 학교의 주인인 학생들의
요구와 정서가 학교 공간에
반영되어야 합니다. **99**

새로운 학교 공간에 대한 요구

폐쇄성은 낮추고 관계성은 높이고

우리나라 학교의 구조 혹은 공간은 매우 단순하다. 교문을 들어서면 일자형 교사동과 이에 인접한 곳에 운동장이 있고, 귀퉁이에는 수도전과 비좁은 화단이 있게 마련이다. 교사동에는 학생들이 수업을 받는 일반 교실과 특별실이 대부분을 차지하고 교사들이 업무를 보는 교무실이 있다. 그 밖에 교직원을 위한 도서실, 회의실, 보건실, 식당 등이 있고 교육을 지원하기 위한 행정실도 있다. 이동 공간으로는 복도와 계단이 있을 것이다. 2000년 이후에 지어진 학교들 가운데는 획일적인 구조에서 탈피한 곳들이 간혹 있지만 여전히 대부분의 학교는 예전의 모습에서 크게 벗어나지 못했다.

유독 우리의 학교들이 서로 비슷한 이유는 무엇일까? 그것은 공립학교가 대다수를 차지하기 때문이다. 2018년 기준 사립 학교의 비율은 초등학교가 가장 낮아 1.2퍼센트, 중학교는 20퍼센트, 고등학교는 40퍼센트 정도다. 공사 발주의 주체가 시·도 교육청이니 제한된 예산으로 표준화된 학교를 짓는 것이 우선시된다. 교실의 면적, 복도의 폭, 화장실의 면적까지 최소 기준령을 적용하고 있어 다채롭고 개성 있는 학교 환경이 조성되기 어려운 실정이다.

우리나라 학교들이 서로 똑같은 모습을 지니게 된 또 다른 이유는 전국의 대다수 학교가 국가 교육 과정상의 연간 수업 시수나 교과 운영 등의 기준을 충실하게 따르기 때문이다. 어린이들은 8세가 되면 초등학교에 입학하고 이후 매년 진급하여 고등학교를 졸업하게 된다. 모든 교과의 수업 시간은 40~50분 단위로 되어 있고 쉬는 시간은 10분이며, 이 시간 안에 교사나 학생은 다음 학습을 위한 준비를 하고 생리 현상도 해결해야 하니 이것도 교사동이 거의 같은 구조를 갖는 데 일조했을 것이다. 부산에 있는 군부대 내무반이나 경기도에 있는 군부대 내무반이 똑같이 생긴 것과 동일한 이유로 학교들은 서로 닮은꼴이다.

긍정적으로 보면 전국의 대다수 학교들이 비슷한 공간과 환경을 갖고 있으므로 학생들은 적어도 최소한의 법적 조건이 충족된 공간에서 생활하고 있는 것이다. 그러나 부정적으로 본다면 대다수 학교는 학생을 수용할 공간은 갖추었지만 협의 및 수업을 위한 다양한 소규모 공간이나 미래 교육을 지원할 물리적 환경, 휴식과 친교의 공간은 갖추고 있지 못하다. 특히 최근 도전적으로 교육 과정을 연구하고 실행하는 혁신 학교들에는 새로운 공간이 필요한 상황이다. 굳이 혁신 학교가 아니더라도 과거 어려운 시기에 만들어진 학교들의 공간 효용에 대한 새로운 진단 및 공간 개선을 위해 노력을 기울이고, 학교 내의 폐쇄성을 낮추고 소통과 관계성을 높이기 위해 성찰해야 할 때다.

학교의 적정 규모와 시설

2018년 기준 전국의 초·중·고등학교 수는 1만 1,736개(통계청 자료)로, 도시화가 진행되면서 농어촌의 작은 학교들은 폐교되고 도시에는 대규모 학교들이 새로 들어서게 되었다. 2018년과 2011년 통계를 비교해 보면 학생 수는 줄고 있으나 폐교 수보다 개교 수가 많아 초·중·고등학교의 전체 숫자는 늘어나고 있다. 개교한 지 40~50년 된 학교의 교사동을 허물고 새롭게 짓기도 하고, 작은 학교를 폐교하고 통합 학교로 짓기도 한다. 학교 공간이 물리적 변혁기에 접어들고 있는 셈이다.

학급당 학생 수는 시·도 교육청 지침으로 정해져 있어, 일정 수 이상이면 학급을 더 늘리고 교사도 학급 수에 따라 더 배치한다. 교육부 지침에 학교 규모에 관한 규정이 없기에 인구가 늘어나는 지역의 학교는 매년 학급 수가 늘어나기도 한다. 초등학교의 경우 학년당 3~4학급 정도면 전 학년은 20학급 안팎이 되니 학생 규모는 500명 이하가 된다. 중·고등학교의 경우도 400~500명 정도면 교사들을 교과목별로 적절히 배치할 수 있다. 유럽은 학생 수가 300명 전후인 학교가 많은데, 단위 학교가 독자적으로 이런 규모를 유지하기 위해서는 중·고등학교에서 한 교사가 2~3개 교과를 가르칠 수 있는 통합 교과 자격을 갖추어야 한다. 분절된 교과 위주의 교육 과정 운영과 교과별 교사 양성 체제 및 자격증제는 작지만 알찬 학교를 만드는 데 큰 걸림돌이다.

전국 대부분의 지역에서는 매년 학생 수가 꾸준하게 줄어 유휴 교실이 많이 생긴다. 학교 내에 유휴 공간이 생기기 시작한 것은 그리 오래된 일이 아니며, 앞으로 더욱 가속화될 것으로 보인다. 이를 활용하는 것도 각 학교가 떠안은 숙제이다. 학내에서 교사, 학생, 학부모가 유휴 공간을 활용할 적절한 방법을 구상하고 그것을 실현해 가는 것이 중요하다.

우리나라는 공립 학교가 다수를 차지하고 있으며, 공립 학교 교사들은 4~5년을 주기로 학교를 옮겨 다닌다. 그 때문에 학교 공간에 대한 이해가 지속성을 갖기 어려운데, 이는 학교 공간의 미래상을 멀리 내다보고 재구조화하기 어렵게 만드는 요인이 되기도 한다. 따라서 학교 측의 노력도 필요하지만 교육청 단위에서 중·장기적 계획을 세우고 학내 유휴 공간을 변화시키는 작업을 지원해야 할 것이다.

학교 유휴 공간의 활용

학교 유휴 공간을 활용하는 방법에는 여러 가지가 있겠지만, 우선 각 학교의 특징적인 교육 과정을 잘 수행할 수 있는 공간으로 만들어

보는 것을 추천한다. 내가 재직했던 남양주 호평중학교에서는 교육 과정 재구성을 통해 학년마다 뮤지컬 수업을 한다. 남는 교실을 뮤지컬 연습이나 공연 때 사용할 수 있는 공간으로 만든다면 다수의 학생들이 사용할 수 있는 활용도 높은 공간이 될 것이다. 학교 구성원들이 필요로 하는 것을 파악하여 이를 공간 활용 방안에 반영하거나 휴식 공간을 만들어 볼 수도 있다. 대부분의 학교는 수업 공간과 이동 공간이 경직되게 나뉘어 있어, 학생들이 쉬는 시간이나 점심시간에 친구들과 담소를 나누면서 휴식을 취할 수 있는 공간이 극히 부족하다. 앞으로는 학내에 학생들이 함께 모여서 협의 및 논의하는 일이 가능한, 가변적이고 열린 공간을 많이 확보해야 할 것이다.

그런데 학내 유휴 공간의 증가 문제를 교육지원청이나 교육청은 구체적으로 실감하지 못하는 모양이다. 아무래도 행정을 지원하는 기관이기 때문에 학교에 있는 교사들이 느끼는 만큼 피부에 와닿지는 않을 것이다. 빈 교실이 생겼을 때 그곳이 텅 비어 있다면 다양하게 활용할 수 있겠지만, 빈 교실 안에는 학생들만 없을 뿐이지 책걸상은 놓여 있다. 이러한 비품은 언제까지 사용해야 한다는 규정이 있어 학교에서 재량껏 처분할 수도 없고, 꼭 처분해야 하는 경우에는 학교 비품을 제공했던 교육지원청이나 교육청과 협의를 해야 한다. 또 학교는 교실의 구조를 변경하기 어렵다는 문제도 있다. 지금은 학교 공간을 바꿔 나가는 학교가 적지만, 앞으로 그 수가 폭발적으로 늘어날 것은 자명한 사실이다. 이러한 비품 처분 및 구조 변경 문제를 효율적으로 해결할 방안을 서둘러 마련해야 한다.

학내의 유휴 공간을 학생들뿐 아니라 학부모 및 지역 주민들과 공유하는 방안도 생각해 볼 만하다. 호평중학교는 학부모의 참여 활동이 비교적 활성화되어 있다. 여섯 개 정도의 학부모 동아리가 꾸준하게 활동하는 중이다. 대표적인 것으로 난타 동아리가 있는데, 넓은 공간과 무대가 필요하기에 방과 후에 시청각실을 이용한다. 독서 동아리에서는 학부모들이 책을 선정해서 함께 읽고 토론을 한다. 독서 동아리가 사용하는 운영위원회 회의실은 한두 달에 한 번 정도 열리는 회의 시간을 제외하면 대부분 비어 있는데, 동아리 활동을 하는 학부모들의 편의를 위해 학교 측에서 그곳에 싱크대를 설치했다. 또 '호평푸르네'라는, 아버지들로 이루어진 봉사 활동 동아리도 그 회의실에서 저녁 모임을 갖는다. 이 동아리 회원들은 자녀와 함께 하천을 정화하는 봉사 활동을 하거나 야간에 지역을 순찰하며 청소년들을 선도하는 활동 등을 한다.

일부 학교들은 마을 학교의 기능을 하기도 하지만 대부분의 학교들은 보안 및 안전상의 이유로 폐쇄적으로 운영된다. 학교 외부의 사회 단체 및 지역 단체와의 연계 프로그램은 거의 찾아보기 힘들다. 학내 유휴 공간을 의미 있게 재구성하고자 할 때 학교 자체의 예산만으로는 충당하기 어려운 경우가 많으므로, 지자체와 함께 지역 주민들과 공동으로 사용할 수 있는 문화 공간, 체육 공간을 마련해 보는 것도 좋은 방법이다. 지역과 학교가 유대를 강화하면서, 학교를 더 의미 있는 공간으로 만들어 갈 수 있지 않을까?

학교의 생활 공간을 바꾸는 도전

안전과 환경 개선이라는 두 마리 토끼

나는 평교사로 근무하던 시절, 미술 교사로서의 특기를 살려 부임하는 학교의 담장이나 축대 등에 벽화를 많이 그렸다. 그러다 혁신학교로 옮기면서 학교 공간에 좀 더 적극적으로 관심을 기울이게 되었다. 학교 안에 학생들이 쉴 수 있는 공간을 만들 수 없을지 고민했고, 복도나 계단에 학생들의 마음을 따뜻하게 해 줄 수 있는 그림을 그렸다. 내 작업이 학생들의 호응을 얻으면서 점점 더 특별한 공간을 만들 수 있게 되었다.

학교의 생활 공간을 바꾸는 일은 처음에는 안전이라는 측면에서 접근했다. 교문을 통해 학내로 진입하는 차량으로부터 학생들을 보호하기 위해 차량은 정해진 곳까지만 들어올 수 있게 하고, 경계가 되는 위치에 대형 화분들을 설치했다. 또 10센티미터 정도의 턱이 있는 곳에 철판으로 경사로를 설치해 학생들의 부상 위험을 줄였다. 거기에서 끝내지 않고 삭막하고 차가운 철판 위에 그림을 그려 넣었다.

학내 위험 요소들을 없애는 일이 중요하긴 하지만 모든 위험 요소들을 전부 없애는 것은 불가능하다. 그리고 때에 따라서는 그 위험

남양주 호평중학교에서는 학생들이 걸려 넘어지기 쉬운 턱에 철판으로 된 경사로를 설치해서 학생들의 부상 위험을 줄였다. 철판 위에는 아기자기한 그림을 그려 넣어 삭막한 느낌을 덜었다.

요소를 없애기 위해서 설치한 것들이 시각적으로 굉장히 폐쇄적이 거나 단절된 느낌을 주기도 한다. 호평중학교의 5층 난간의 경우 안 전상의 문제를 보강하기 위해 설비 업체를 불러 이야기를 들었더니, 철제 난간 위에서부터 천장까지 안전바를 촘촘하게 설치해야 한다 는 거였다. 그렇게 되면 5층 공간 전체가 상당히 갑갑해질 것이 뻔했 다. 답답한 안전바를 설치하지 않으면서도 안전을 확보할 수 있는 방 법은 없을까 고민해 봤다. 거기에다 대형 화분들을 여러 개 갖다 놓 으면 학생들이 난간에 접근하는 것을 자연스럽게 차단하면서, 녹색 식물이 주는 정서적인 안정감도 더할 수 있어 일석이조의 효과를 얻 을 수 있겠다는 생각을 했다. 실제로 그렇게 해 두었더니 학생들이 난간에서 장난도 덜 칠 뿐 아니라 접근 자체를 덜하게 되는 효과가 있었다.

현관은 일상적으로 모두가 드나드는 공간이어서 늘 이용하는 사 람들은 그곳의 문제를 놓치기 쉽다. 한번은 신입생 학부모님이 "현 관에 들어왔을 때 첫인상이 어둡네요."라고 하셨다. 학교에 처음 온 분들에게서 들은 그 말이 동기 부여가 됐다. 원래 현관에는 플라스틱 조화가 많이 꽂혀 있었고, 전체적으로 분위기가 다소 칙칙하고 어수 선했다. 개선 작업을 어떻게 해 나가면 좋을까 고민하다가, 학생들이 앉아서 쉴 수 있는 공간을 확대하기로 했다. 학교에서 버려지는 책걸 상 등을 활용하여 학생들이 친구를 기다리거나 친구들과 담소를 나

학생들과 교사들이 힘을 합쳐 꾸민 호평중학교 중앙 현관.
피아노를 치거나 친구들과 앉아 담소를 나눌 수 있는 열린 공간으로 재탄생했다.

누는 공간을 만들었다. 인테리어 업체에 의뢰하지 않고 교사와 학생들이 힘을 합쳤다. 현관이 밝고 열린 공간으로 바뀌면서 이곳에 대한 학생들의 만족도는 매우 높아졌다. 이후에 피아노를 한 대 갖다 두었더니 학생들이 피아노를 즐겨 쳐서, 피아노 선율이 흐르는 멋진 공간으로 한 번 더 변모했다.

교문에서 현관까지의 진입로는 약 50미터 정도 되는데, 학교 시설을 고치기 위해서 오는 분들과 택배 업체 등의 차량이 하루에도 몇 번씩 이곳을 오간다. 차가 들어오고, 방향을 돌려 나가기 때문에 늘 교통사고 위험을 안고 있는 장소였다. 그래서 교문 앞 일정 거리까지만 차가 진입하고 더 이상은 들어오지 못하도록 진입로 중간에 대형 화분을 설치하고, 봄이 되면 거기에 꽃을 심어서 연중 가꾸었다. 이는 두 가지 효과를 거두었다. 학생들의 등·하교 혹은 일과 시간 중의 안전을 확보할 수 있었고, 겨울철 이외에는 연중 꽃이 피어 있으므로 학생들에게 시각적인 즐거움도 선사할 수 있었다. 등교 시간에는 클래식 음악을 틀어 두었다. 운동장 확성기로 크게 트는 것이 아니라, 진입로에서만 들을 수 있을 정도로 잔잔하게 틀었다. 감수성이 예민한 학생들의 마음에 음악이 젖어 들면 좋겠다는 생각을 했다. 학생들이 음악의 다독거림 속에 '이제 학교에 도착했구나, 오늘 하루가 시작되는구나.' 하고 느낄 수 있다면 좋겠다는 마음이었다.

학교 진입로에는 방음벽이 있는데, 거기에는 늘 많은 수의 전단지가 붙었다. 학생들을 대상으로 한 광고도 있지만, 그렇지 않은 것도 많다. 미성년자들이 출입해서는 안 되는 유해 업소의 광고 전단이 붙는 일도 있다. 수시로 떼기도 하고, 해당 업체에 전화를 걸기도 하고, 그 방음벽에 전단지를 붙이지 못하게 해 달라는 민원도 넣었다. 하지만 별다른 효과를 거두지 못해서 거기에 벽화를 그려 보기로 했다.

호평중학교 현관 앞. 차량이 학교 안에 일정 거리 이상 들어오지 못하도록
대형 화분들을 설치해 교통사고의 위험을 줄였다.

미술 시간에 학생들과 벽화 작업을 했는데, 그 이후에는 광고 부착물들이 현저하게 줄었다. 학내에도 광고 전단지가 많이 붙는 벽면이 있어서 학교를 지켜 달라는 의미로 부엉이를 그려 두었다. 부엉이는 지혜의 상징 또는 수호신으로 여겨지지 않는가? 사실적으로 크게 그렸더니 학생들도 굉장히 관심 있어 했다.

또 진입로 모퉁이에, 주변 지역 주민들이 생활 쓰레기를 무단 투기하는 문제도 해결해야 했다. 음식물 쓰레기는 여름에 악취를 풍기

호평중학교 진입로의 방음벽. 학생들이 직접 방음벽 위에 그림을 그려 두자
이전에는 많이 부착되던 유해 업소의 광고지가 현저하게 줄어들었다.

므로, 등교하는 학생들이 코를 쥐고 학교에 들어오는 일이 잦았다. 주민 센터 등에 개선을 요구하기도 했고, "생활 쓰레기는 자기 집 앞에 버려 주세요. 여긴 등굣길입니다. 학생들의 교육 환경을 지켜 주세요."라고 적은 현수막도 걸어 두었지만 별로 개선이 안 됐다. 그래서 거기에 큰 화분을 몇 개 갖다 두고 꽃을 예쁘게 길러 보기로 했다. 꽃을 기르고 주민들에게 호소하는 현수막을 같이 붙였더니 쓰레기 무단 투기가 많이 줄어들었다. 크게 힘들이지 않고 학교와 학교 주변을 쾌적하게 만들 수 있는 일이니, 같은 문제를 겪고 있는 학교라면 시도해 볼 만하다.

공간 변화의 주체가 된 학생들

학교에 무언가를 새롭게 만들거나 설치할 때, 그 사항에 대해 학생들에게 미리 알려 주는 것도 의미 있는 일이다. 어느 날 갑자기 학교에 도색을 하기로 결정해서 학생들이 없는 여름 방학 중에 해치우는 게 아니라 각 층별로 어떤 색으로 어떻게 칠할 것인지, 교실은 또 어떤 색이 괜찮을지 사용 주체인 학생들의 의견을 듣는 것이다. 그러면 학생들이 좀 더 주인 의식을 가지고 학교 시설이나 공간을 활용할 것이고 애착도 더 느낄 수 있을 것이다. 예를 들어 화장실을 수리하며 새로운 칸막이 무늬를 어떤 것으로 할지 결정한다고 치자. 기성품을 이용한다고 해도 그 패턴의 종류는 무척 다양하다. 학생들에게 선호도 조사를 실시하고 그 결과를 토대로 패턴을 결정하면, 학생들은 자신들의 의견이 의사 결정에 반영되었다는 것을 뿌듯하게 여길 수 있다. 또한 벽화를 학생들의 참여로 제작하면 그 제작에 참여한 학생들은 벽화를 애정 어린 눈으로 보게 되니 이를 훼손하는 일도 적어질 수밖에 없다.

학생들이 주인으로서 참여할 수 있는 길, 선택할 수 있는 길을 확대하는 사례로는 이런 것도 있다. 호평중학교에서는 매 시간 수업 시작과 종료를 알리는 종소리를 학생이 음악 시간에 작곡한 것으로 녹음해서 사용하고 있다. 또 이 학교에서 사용하는 캐릭터는 5년 전 공모전을 열어 만들어 낸 것인데, 남녀 학생들의 화장실을 구분할 때나 학교의 깃발, 또 갖가지 인쇄물에도 이 캐릭터를 활용한다. 학생들이나 교직원들이 참여해 만들어 놓은 공간이나 창작물을 생활 속에서 활용하는 것은 공동체 의식을 높일 수 있는 중요한 실천이다.

생활 공간의 개선은 문제에 대한 요구가 있을 때 실시하는 것이 가장 효과가 좋다. 학기 말이나 학년 말에 교육 과정 평가회 등을 열어 내년도에 개선해야 할 공간이나 시설 환경에 대해서 학생들과 교직원들의 의사를 들어 예산에 반영할 수도 있다. 만약 규모가 큰 사업이라면 장기적인 과제로 고려해 볼 수 있다.

호평중학교는 학생들이 직접 제작한 캐릭터를 학생 화장실이나 학교의 깃발, 교내 인쇄물 등에 활용하고 있다.

도서실과 휴게 공간의 개선 및 유지 문제

많은 학교들이 학교 개선이나 교육 환경 개선 사업을 시작하며 가장 먼저 도전하는 공간은 도서실일 것이다. 호평중학교 도서실도 전에는 평이한 테이블이 놓여 있고 학생들이 서로 마주 보면서 책을 읽는 특색 없는 열람실이었다. 도서실 리모델링 예산을 받고 어떤 도서실을 만들지 고민하며, 사서 교사와 함께 리모델링이 잘된 사례들을 탐색했다.

지역 주민을 위한 도서실에도 직접 방문했다. 주민 센터에서 만든 도서실이었는데, 굉장히 쾌적하고 머물고 싶은 공간이었다. 그래서 그런 공간을 만들어 보기로 하고 몇 군데 업체로부터 리모델링 제안서를 받았지만 우리가 바라는 내용들이 없었다. 산뜻한 열람실용 테이블과 의자 등을 사는 데 대부분의 예산이 들어가는 제안서들이 많았다. 그래서 도서실 구조를 바꿔 보자고 우리 쪽에서 먼저 제안했다. 집기를 마구잡이로 사기보다는 붙박이로 만들어, 학생들이 집에서처럼 벽에 기대기도 하고 경우에 따라서는 신발을 벗고 올라가 엎드리거나 다리를 펴고 앉을 수 있었으면 했다.

학교 도서실을 바꾸는 일에 예산은 많이 들지 않았지만, 작업 기간은 한 달 이상 소요됐다. 대부분의 업체들은 빨리빨리 바닥을 깔고 집기류를 사다 놓고 완성되기를 바라지, 이런 식으로 오랫동안 학교와 공간 구성에 대해 협의하고 수정하며 재구성해 나가는 작업을 달

가워하지 않는다. 한 업체에서 우리의 귀찮은 요구를 받아들여 줘서 이러한 공간이 탄생할 수 있었다. 학교와 학생들이 어떠한 공간을 원하는지를 이해하고 그것에 부응해 주는 업체를 만나는 것이 중요하지만 쉽지 않은 일이다.

힘든 과정 끝에 리모델링하고 나니 도서실은 학생들의 만족도가 높은 공간이 되었고, 기대했던 것처럼 학생들이 편하게 기대거나 엎드려서 휴식을 취하는 모습을 자주 볼 수 있었다.

혁신 학교가 된 뒤에 학생들이 쉴 곳이 필요하다는 교사들의 제안이 있어서 휴게 공간을 조성하는 작업도 시도하게 되었다. 학생들은 쉬는 시간이나 점심시간에 복도에서 다른 반 친구들을 만나 이야기하는 일이 많은데 앉거나 의지할 곳이 없으니 벽에 기대 서 있거나 창가에 모여서 이야기해야 하는 경우가 많았다. 다행히 우리 학교에는 복도에 여유 공간이 있었기 때문에 이곳을 학생들의 휴식처로 만들기로 했다.

방학 중에 '학교 환경 개선반'이라는 동아리를 한시적으로 만들어서 학생들과 의미 있는 장소들을 답사하고, 거기에서 참고할 만한 점들을 우리 학교에 어떻게 적용할까를 고민해 보았다. 벽화가 잘 그려진 곳들도 둘러본 뒤에 학교로 되돌아와서 우리의 작업 범위를 정했다. 어떤 시설물을 갖다 두어야 할지도 결정해서, 목공을 잘하시는 선생님의 도움을 받아 탁자를 만들고 벽면을 꾸몄다.

호평중학교 도서실. 학생들이 집에 있을 때처럼
신발을 벗고 올라가 편하게 있을 수 있게 리모델링하였다.

이 작업도 외부의 전문 업체에 의뢰했다면, 짧은 시간 안에 산뜻하게 만들 수도 있었을 것이다. 학생들과 하다 보니 원활하게 진행하기 어려운 부분도 있었고 시행착오도 겪었다. 하지만 그런 과정들을 다 겪으면서 완성했을 때는 참여한 모든 학생들이 큰 보람을 느꼈다. 이렇게 하여 한 층에 휴게 공간이 생기니, 다른 층의 또 다른 학년에서도 요구해 와 순차적으로 휴게 공간을 만들었다.

학교 공간을 바꾸는 일이 항상 뜻하는 대로만 되는 건 아니다. 애써서 만든 공간을 학생들이 아끼고 잘 유지할 수 있게 하는 것도 중요하다. 이를 고민하고 학생과 교사가 적절히 역할을 분담해야만 오랫동안 이 공간이 의미 있게 사용될 수 있다. 특정 학급 학생들만의 공간이 아닌 공용 공간을 어떻게 효율적으로 관리하고 유지할 것인가? 보통의 공공 기관 등에는 시설을 청소 및 유지·보수하는 인력을 따로 둔다. 그런데 학교는 그렇지 않다. 학생들은 속해 있는 교실과 그 앞 복도 정도만 청소하니, 여럿이 함께 사용하는 공간은 어떻게 해야 하는지가 큰 숙제로 남았다. 초기에 비품을 사다 잘 갖춰 놓더라도 한두 학기 흐르다 보면 망가지기도 한다. 우리 학교는 학생들이 좋아할 만한 의자나 테이블 등을 사다가 휴게 공간을 만들었기 때문에 시각적으로 아름답고 학생들의 만족도도 높았는데, 테이블에 걸터앉는 사람이 많아 버티지 못하고 부서지곤 했다.

요구 사항을 반영했지만 예상했던 효과를 거두지 못하는 경우도

호평중학교 내 다양한 휴게 공간. 복도의 여유 공간에 의자와 테이블을 두어 학생들이
다른 반 친구들과도 편하게 이야기를 나눌 수 있게 하였다.

있다. 매년 학생들이 탈의실 설치를 요구해 와 공간을 확보해 어렵사리 만들었더니 활용도가 떨어졌다. 교실에서 갈아입다가, 5~10미터가량 떨어진 곳에 가서 갈아입으려니 번거로웠던 것이다. 이러한 문제가 발생할 수 있다는 점을 늘 염두에 두어야 하며, 실수를 줄이기 위해서는 한두 사람의 결정만으로 학내 환경 개선 사업을 추진하기보다는 소위원회 등을 만들어 회의를 하고 전문가의 조언을 듣는 것이 좋을 듯싶다.

학생들의 상상력을 담은 벽화 작업

호평중학교에는 건물 외벽과 실내의 계단이나 복도, 그리고 교실에 다양한 벽화가 그려져 있다. 학교 공간을 꾸미는 데 학생들의 손길이 닿았으면 좋겠다고 생각하던 차에, 미술과에서 벽의 오염된 부분을 가리면서 학생들이 보며 즐거워할 수 있는 벽화를 그리는 것이 어떠냐는 제안을 했다. 새로 막 지어서 모든 곳이 깨끗한 학교라면 학생들이 벽화를 자유롭게 그리기가 어려웠을지도 모르지만, 개교 후 15년 동안 도색을 한 적이 없어 학생들도 부담 없이 벽을 칠할 수 있었던 것 같다.

도색 예산이 확보되었을 때 나는 도색 관련 자료를 열심히 찾아보았다. 학교 전체를 획일적으로 도색하기보다는, 층별로 혹은 학년별로 해 보면 어떨까 생각했다. 각 공간의 특징을 살려 미려한 색채나 디자인 등을 반영할 수 있을지도 고민했다. 우리 학교의 도색 작업에 도움이 될까 싶어 색채 디자인을 적용한 학교에 직접 방문해서 자료를 얻기도 하고 직접 사진을 찍어 오기도 했다.

벽화는 공공성이 있어, 어떤 주제를 선택해서 그리느냐도 중요한 문제다. 보기 싫어도 모두가 봐야 하기 때문이다. 수업 시간에 학생들과 별도의 동아리를 만들어 작업을 한 것은 아니었고, 교실 내부 벽화는 해당 반 학생들이 제작하기로 했다. 복도나 계단은 면을 분할해서 여러 반이 동시에 참여해 그렸다. 학교에서 공용으로 사용하는 복도나 계단에는 주로 학내 규격 인쇄물이 게시되어 있다. 보건실 근처에는 보건실 안내문, 상담실 근처에는 상담실 안내문이 붙어 있는 식이다. 그러한 딱딱한 게시물들이 공간을 점유하고 있어, 학생들의 정서가 반영된 창작품은 보기 어려운 실정이었다. 일부 학교에서는 학생들이 협동해 제작한 작품을 전시하기도 하지만 극히 소수이다. 호평중학교도 그런 문제의식에 공감하면서 다소 낡은 학교의 복도와 계단 등의 벽면을 학생들의 상상력이 담긴 창의적인 작품으로 채워 보기로 한 것이다. 학년이 올라가 바뀐 반의 벽화가 마음에 들지 않는다면 새롭게 도색할 수 있도록 학교에서 페인트를 제공한다. 그러면 학생들이 직접 페인트를 이용해 벽화를 지우기도 하고 새로 그리기도 하는데, 자신들이 일 년 동안 생활할 공간을 학년 초에 꾸미는 일은 그 자체로 훌륭한 수업이 된다.

한 가지 덧붙여, 특정한 부서가 학교 공간에 게시물을 붙여 둔 채로 몇 년씩 방치해 먼지가 쌓이곤 하는데, 이를 학생들이 이용할 수 있는 열린 공간으로 만들어 보는 것도 의미 있는 일이다. 학생들 스스로 동아리 홍보물을 제작해 부착하는 등 누구나 원하는 자료를 자유롭게 붙였다 뗄 수 있는 게시판을 제공한다면 학생들의 소통을 확장하고 문화적인 감수성을 키우는 데 도움이 되리라 생각한다.

학교 구성원들과 함께 만든 교문

교문은 개교할 때 만들어졌는데, 철제로 된 문이 오래되어 부식되기 시작했다. 안전사고의 위험이 있어 몇 달 동안은 사용하지 못하고 고정만 해 두었다. 새롭게 교문을 만들 때, 미술 선생님과 협의하여 수업 시간에 '내가 만드는 교문'이라는 주제로 아이들로부터 아이디어 스케치를 받았다. 학생들이 낸 안 가운데 우리 학교의 비전을 담은 것, 조형적으로 아름다운 것을 골라 구조나 안전상 문제가 없도록 시공 팀과 여러 차례 협의했다. 그렇게 하여 학생들의 의견이 반영된 교문을 2018년 여름 방학 때 완성했다. 이에 참여한 학생과 교직원 모두 큰 보람과 자부심을 느낄 수 있었던 작업이었다.

사실 호평중학교는 학급이 30개 가까이 되는 큰 규모의 학교라서 학생들이 더 증가하면 교육 환경이 퇴보할 가능성이 있으므로 증축을 원하지 않았다. 그러나 학급당 학생 수가 느는 것을 더 이상 방치할 수 없고 건물 신축은 어려워 증축을 결정했다. 증축으로 8개 교실을 추가로 확보할 수 있게 되었는데, 건물의 확장으로 사라지는 땅이 아까워 필로티 구조를 선택했다. 기둥을 세우고 그 위에 건물을 올리는 형식이어서 1층을 다용도 공동 공간으로 사용할 수 있게 되었다. 또한 원래는 교실들이 서로 마주 보도록 설계를 하려 했지만, 그러면

학생들의 의견을 반영하여 새로 만든 호평중학교 교문. 오래되어 여기저기
부식되고 칙칙했던 교문이 산뜻한 모습으로 바뀌었다.

수업 중에 발생한 소음이 마주 보는 반에 방해를 줄 수 있다는 문제가 있었다. 원활한 수업을 위해 교실은 남향으로만 쭉 배치하기로 했다. 증축 작업에 교직원과 학생들의 의견을 반영하면서 전문가의 도움을 받았다. 학부모님 가운데 설계 사무소를 하는 분이 있어 초기 설계 단계에서부터 소위원회에 초청하여 계속 지도를 받으면서 함께했다. 그분도 자녀가 다니는 학교 건물을 짓는 데 기여하는 것에 큰 보람을 느끼고 열성적으로 도와주셨다.

·
·

좋은 학교 공간에 대한 고민

배움과 성장을 돕는 공간

좋은 학교 공간이란 어떤 것일까? 다양한 답을 낼 수 있겠지만 우선 학교는 배움과 성장을 돕는 안전한 공간이어야 한다. 학내에서는 대개 단위 면적당 많은 수의 학생과 교직원들이 밀집된 채 생활한다. 학생들의 안전사고는 체육 수업 중이나 쉬는 시간에 교실과 복도에서, 그리고 점심시간에 운동장에서 가장 많이 발생한다. 학교 안에서 학생들의 안전을 위협하는 것들에 대한 세심한 점검이 이루어지고 있는지 돌아보아야 한다. 봄철 해빙기나 장마철, 또는 태풍이 불어오는 때에 수시로 안전 점검 공문이 내려오지만 학생들의 안전사고는 사소한 일로 발생하는 경우가 많다. 계단 난간의 예리한 금속 절삭면에 손을 다치거나 스텝 몰딩이 없어 발이 미끄러지는 경우, 출입문에 손가락이 끼는 경우 등이다. 학교의 건물 구조나 설치된 기자재가 학생들이 이동하거나 움직일 때 위험한 요소가 될 수도 있다. 교실과 특별실은 학생들이 장시간 고정된 자세로 생활하는 곳이므로 책상이나 의자가 체구에 맞게 편안해야 하며, 특히 교실은 채광이 좋고 신선한 공기가 유입되며 교실 밖 소음에도 정숙도가 유지될 수 있어야 한다. 그러나 어떤 교실은 일 년 내내 햇볕 한 줌 들어오지 않는 쪽에 자리할 수도 있다. 그러한 교실은 학생들의 신체적·정신적 건강에 위협이 된다. 특별실 안에서 위험한 물질이나 기계 등을 다룰 때에는 각별한 주의가 필요하다. 재난 시 안전을 지켜 줄 장치나 장비도 갖추고 있어야 한다. 학생들이 방화문과 소화전·소화기, 그리고 승강기 사용법을 숙지하게 하고 기타 응급 구호 장비를 사용할 수 있는 능력을 갖추게 해야 한다.

학교는 학생들의 심신의 성장을 돕고 지원해야 한다. 공간의 벽은 따뜻함을 느낄 수 있어야 하고, 환기가 가능해야 하며 혹한과 폭염에도 적정한 실내 온도를 유지할 수 있도록 냉난방 기기가 적절히 가동되어야 한다. 학생들이 교실을 벗어나 쉬거나 친구들과 정담을 나눌 때 사용할 수 있는 의자와 테이블이 있어야 한다. 화장실에는 온수가 공급되어야 하고 청결하게 관리되어 쾌적함을 느낄 수 있어야 한다. 그리고 언제나 깨끗한 식수가 공급되어야 한다. 최근에는 봄철 미세 먼지와 황사가 학교 교육 과정 운영에 많은 어려움을 준다. 운동장 수업을 요하는 체육 활동과 체험 학습이 미세 먼지 상황에 따라 취소되기도 하는데, 교과 과정을 대기질 상황에 따라 운영하는 것에 그칠 것이 아니라 복도 및 교실의 먼지를 없애고 청결을 유지하기 위한 방안을 적극적으로 고민해야 한다.

교사들이 업무를 보고 연구 및 상담을 하는 교무실 환경에 대해서도 몇 가지 점검해 보자. 교사의 업무용 책상과 의자는 기능성과 편리성을 갖추고 있는가? 학생 상담과 학년별 협의를 위한 별도의 분리된 공간이 있는가? 휴식 시간에 차와 다과를 나눌 수 있도록 테이블과 개수대 등이 설치되어 있는가? 사적으로 쉴 수 있는 공간이 있는가? 이러한 항목 등이 포함된 체크 리스트를 만들어 보는 것도 좋을 것이다.

학교는 일 년 내내 학생들이 오고 가는 곳이다. 사계절을 만나고 감수성을 기르는 곳이다. 어느 학생은 교정에 핀 눈부신 4월의 목련을 평생 마음속에 간직하기도 할 것이고 누구는 교문 초입에 핀 흰 조팝꽃을 오래 기억하기도 할 것이다. 신록이 우거진 느티나무, 낙엽이 아름다운 계수나무와 국화가 자라는 길, 새들의 지저귐이 있는 정원은 학교가 탐내야 할 또 다른 공간이다. 학교의 수목이나 화훼는 다양할수록 좋다. 서로 다른 종들이 계절을 달리하며 제 모습을 뽐내는 모습은 서로 다른 아이들이 자라는 학교와 잘 어울린다. 초록의 나무들과 철마다 피고 지는 꽃들은 상처받고 고립되거나 힘겨워하는 학생들의 눈을 씻어 주고 신선한 내음으로 생기를 돋워 준다. 등굣길의 나무들과 꽃들은 위로와 위안의 메시지를 전하는 자애로운 손길이다.

학교의 환경을 바꾸는 것은 또 다른 교육

사실 학교는 오랫동안 섬처럼 고립되어 왔다. 그 이유는 여러 가지가 있지만 우선 교육 과정 자체가 외부와 연계되는 일이 없다는 것을 가장 먼저 꼽을 수 있다. 물론 안전상의 이유도 있다. 세계는 점점 더 다양해질 것이고, 학생들에게 더 많은 변화와 성장을 요구할 것이다. 앞으로는 지역 사회의 인력과 자원을 활용하여, 즉 학교 안과 밖의 자원을 잘 결합하면서 학교의 교육력을 키우는 일이 무척 중요한 숙제가 될 것이다.

학교 공간을 지역 사회와 공유한다는 것이 말처럼 쉽지는 않겠지만, 가능한 부분을 찾아보는 노력이 필요하다. 지역 사회에서 학교 도서관 리모델링 예산을 지원하고 지역 주민들이 학교 도서관을 활용할 수 있게 하는 것, 학교 안에 잘 쓰지 않는 공간을 지역 주민들이 회의실 등 자치에 필요한 공간으로 활용할 수 있게 하는 것 등을 떠올려 볼 수 있다. 지금도 그런 시도가 전혀 없는 것은 아니지만, 앞으로는 그런 일들이 뉴스에 나올 만한 한 가지 사례로 남는 것이 아니라 자연스러운 지역 사회 활동의 일환으로서 이루어졌으면 하는 바람이다.

교사들은 매해 학급을 맡아 환경 미화라는 이름으로 교실을 꾸미는 일을 해 왔다. 이제는 익숙하게 해 오던 것을 넘어 추가적인 노력을 기울일 필요가 있지 않을까 한다. 학생들이나 교직원들이 원하는 게 무엇인지 찾아내는 노력 말이다. 많은 비용이나 수고를 들이지 않으면서도 학교 구성원들의 만족도를 높일 수 있는 부분을 찾아내 그것을 개선한다면 성공의 기쁨을 다 함께 누릴 수 있을 것이다. 그러기 위해서는 교육지원청 및 교육청에서도 좀 더 관심을 갖고 학교 환경 개선을 위해 함께 노력해야 한다.

학교의 표준 건축비는 공공 기관 표준 건축비 가운데 가장 낮게 책정되어 있다. 아이들의 역량을 기르는 곳이 학교이고 그 교육력이 결국 나라의 힘이 된다고 말하고 있는 만큼, 학교 환경에 더 많은 투자를 해야 한다. 정돈이 잘된 쾌적한 반에서는 학습의 능률도 오르게 마련이다. 학생들은 등교해서 짧게는 4시간, 길게는 7~8시간 정도 학교에 머무르는데, 그동안은 학생을 지시와 통제의 대상으로만 보았기에 학생들의 자체적인 활동이나 여가 시간에 대한 배려가 부족했다. 학교 안에서의 노력과 학교 밖으로부터의 지원이 어우러져 환경이 개선되면, 아이들은 학교에서 좀 더 편안하고 행복한 생활을 영위할 수 있을 것이며 이러한 변화는 그 자체로 좋은 교육이 될 것이다.

학교 사용자로
인정받는
학생 시민들

김태은 _ 광주 광산구 전 교육정책관

" 상상이 현실이 되고
참여가 권리가 되는
그 순간들을 함께해요. **"**

학교를 삶의 공간으로

공간과 청소년의 권리

언젠가 고등학생들과 함께 『10대를 위한 빨간책』(레디앙, 2016)을 읽고 그 안에 있는 단어 30개를 뽑아 '빨간 정의'를 내리는 수업을 한 적이 있다. '빨간 정의'란 사전적 정의가 아닌, 학생들이 자신의 경험에 기초해 내리는 정의를 의미한다. 학생들이 '질문'이라는 단어에 대해 내린 빨간 정의는 "교사들이 자신이 설계한 수업을 잘 따라오고 있는지 확인하는 행위"였다. 이 말에 반박하기란 어려웠다. 본래 수업에서 질문은 학습자와 교사 또는 학습자 상호 간에 모르거나 의심스러운 것을 물어 답을 구하는 행위여야 한다. 학생들이 내린 질문에 대한 빨간 정의는 나를 돌아보게 했다. 그동안 나는 많은 수업들을 참여 수업의 형태로 꾸려 왔다. 그런데 '과연 그 수업들이 학생들을 나와 똑같은 결정권을 가진 동등한 시민으로 대우하는 수업이었을까?'라는 의문이 들었다. 거기서 생각이 더 뻗어 나가, '대한민국의 교육 정책들은 학생들을 시민으로 대우하고 인정하는가?'라는 질문에까지 이르렀다.

100대 국정 과제 중 '54. 미래 교육 환경 조성 및 안전한 학교 구현'(교육부) 항목을 보면, 주요 내용으로 '선진국 수준 교육 환경 조성', '학교 노후 시설 개선', '학교 주변 교육 환경 개선' 등을 들고 있다. '교육 환경'과 '교육 시설'이라는 단어를 보면서 한 가지 의문이 생겼다. 사람에 따라 다르겠지만 진로에 큰 변화가 없다면 대부분의 교사는 25년에서 30년 정도 학교에서 근무하게 된다. 학생들은 고등학교 재학을 포기하지 않는다면 12년간 학교에 있게 된다. 교사는 30년, 학생은 12년간 학교를 사용한다. 하지만 학교 공간을 개선하거나 새로 짓는 등 변화를 꾀할 때 실제 사용자인 교사와 학생의 의견은 반영되지 않는다.

6차 청소년 정책 기본 계획(이하 기본 계획)에는 '청소년 권리 증진 기반 조성'이라는 과제가 있다. 이것을 좀 더 자세히 들여다보면 청소년 참여를 저해하는 요인으로 시간과 공간의 부족, 낮은 사회 참여 역량 등을 제시한다. 그리고 이를 해결하는 방안으로 자유 공간 설치 및 공간 개선을 언급한다.

기본 계획에서 말하는 '자유 공간'이란 청소년 시설을 의미한다. 물론 청소년들을 위한 공공 공간은 필요하다. 문제는 공간의 성격이다. 학교 인근에 '청소년 센터'가 들어서면 대부분의 어른들은 학생들이 그곳에서 뭔가를 더 배웠으면 하는 바람을 감추지 않는다. 센터 운영자들은 공무원이고, 그들은 민원에 민감하다. 어른들의 바람을 들어주기 마련이다. 청소년 센터는 '공부하는' 학교의 연장 시설이

되어 버린다. 결국 기본 계획에서 제시한 문제점들은 청소년 센터를 짓는 것으로는 해결되지 않는다. 가장 간단한 해결책은 청소년 센터를 '공부하지 않는' 공간으로 운영하는 것이다. 하지만 그렇게 운영하는 것은 현실적이지도 않고, 올바른 것도 아니다. 학교도 공간이고, 청소년 센터도 공간이며, 마을에 산재한 공원이나 골목, 상업 시설도 공간이다. 이 공간들의 기능을 개별화하여 나눌 필요는 없다. 모든 공간은 놀이터이면서 동시에 배움터가 될 수 있다. 청소년 센터가 학교의 연장이라면, 학교 또한 청소년 센터의 연장으로 기능할 수 있다는 생각의 전환이 필요하다. 청소년 센터에 배움 기능이 필요하다면, 같은 이치로 학교에도 휴식과 놀이 기능이 필요하다는 이야기다.

이러한 생각으로 나는 광주광역시 광산구에서 교육 정책을 수립하고 실행하는 일에 뛰어들었다. 교사로 재직하던 중 고용 휴직 제도를 이용해 광산구로 옮겨 가 민선 6기(구청장 민형배)의 하반기 약 2년 동안 교육 정책을 담당했다. 정책 수행의 핵심은 '지역'과 '공간'이었다. 새로 짓는 청소년 센터와 광산구 관내 학교들에 공간 혁신에 관한 콘텐츠를 제공하고, 그 공간들을 지역과 연계하는 것이 주 업무였다. 센터에서는 학생과 교사, 마을 주민, 지역 예술가들이 함께 기획하고 대화하고 결정하는 과정이 무한 루프처럼 반복되었다. 그 과정은 학교를, 마을을 삶의 공간으로 함께 만드는 작업이었다.

학교 공간 톺아보기

학교 공간의 변화를 위해서는 학교 공간의 현 상태가 어떠한지, 어떻게 사용되고 있는지를 파악해야 한다. 학교에서 제일 먼저 만나는 공간은 교문이다. 교문은 환대의 공간일까? 학교 구성원 가운데 가장 큰 비율을 차지하는 학생들은 쪽문으로 다니고, 교문의 넓은 길은 주로 자동차가 사용한다. 학교 운동장 지하를 주차장으로 바꾸거나, 교문 밖 공간에 주차장을 확보하여 교문을 학생들과 교직원이 함께 걸어 들어갈 수 있는 공간으로 바꾸는 것을 상상해 보면 어떨까?

복도를 살펴보자. 복도에는 "뛰지 마세요."라는 안내문이 붙어 있다. 도대체 학생들은 복도에서 왜 이렇게 뛰는 것일까? 발달 음악가 김성은 씨는 한 TV 프로그램에서 다음과 같이 설명했다. "공간에도 리듬이 존재합니다. 미술관의 경우 공간이 넓은데, 사람은 넓은 공간에 있으면 천천히 움직이게 됩니다. 반면 좁고 긴 학교 복도의 경우, 강한 에너지를 내뿜고 싶은 느낌이 듭니다. 학생들은 본능에 따라 복도에서 뛰는 것이지, 이게 혼날 일은 아닙니다."

서울신원초등학교는 복도에 대한 고민을 학생·교사·건축가가 함께 풀었다. 이 학교는 두 건물을 연결하는 36m 길이의 복도를 개조하고자 했다. 학생들은 교사, 건축가와 함께한 세 번의 워크숍에서 자신들이 복도에서 어떻게 지내고 싶은지를 이야기했고, 냉장고 박스로 자신들이 원하는 복도를 설계했다. 이러한 학생들의 의견을 바탕으로 만들어진 곳이 '신나는 복도'다. 이름에서 의도한 것처럼 학생들은 쉬는 시간이면 복도 이곳저곳을 기어오르거나 경사로를 미끄럼틀 삼아 미끄럼을 타며 신나게 논다.

학생들의 의견을 반영하여 만들어진 서울신원초등학교의 '신나는 복도'.

이번에는 운동장을 떠올려 보자. 학교 운동장은 누구의 것일까? 초등학생들은 "6학년 거요."라고 답한다. 중학생들은 "3학년 거요."라고 한다. 학교 운동장은 주중에도 주말에도 축구하는 남자들의 공간으로 사용된다. 그럼 여자들은 어디서 놀까? 여자들은 주로 화장실에서 논다. 화장실에서 3~4명이 함께 립글로스를 바르고, 고데기로 서로의 머리를 만져 준다. 도대체 왜 화장실에서 노는 걸까? 화장실은 학교 안 어른들이 이용하지 않는 유일한 공간이다. 말을 바꾸면, 화장실은 '안심'하고 놀 수 있는 공간인 것이다. 이 말은 학교 안에 안심하고 놀 수 있는 공간이 거의 없다는 뜻이기도 하다. 운동장을 남녀노소가 함께 놀 수 있는 공간으로 만드는 것은 불가능할까? 변화를 위한 시도는 있다. 최근 서울동답초등학교는 건축가와 함께 학교 사용자인 학생들이 직접 설계에 나서서 구령대를 놀이 공간으로 바꿨다. 광주극락초등학교도 밧줄 놀이터를 학생들과 함께 만들었다. 또 세이브더칠드런, 초록우산어린이재단 등에서 아동 권리를 위한 학교 안 놀이 공간 사업들을 추진 중이다. 이러한 노력들이 모여 중등학교에서도 놀이와 휴식, 문화 생활을 위한 학교 공간 변화 사업들이 교육부로부터 추진되고 있다.

교무실은 교재 연구실의 기능을 한다. 또 학생들과 상담을 하는 곳이기도 하다. 한 선생님이 학생들과 대화를 나눈다. 학생은 교사에게 하소연을 하고 교사는 30분째 그 이야기를 듣고 있다. 자, 누가 괴

로울까? 옆자리와 앞자리 선생님들이다. 학생과 상담하는 이야기가 고스란히 들린다. 이런 경우 많은 교사들은 이어폰을 귀에 꽂는다. 아니면 다른 곳에서 이야기해 달라고 부탁하기도 한다.

경남 사천의 용남중학교는 교무실 한쪽에 카페테리아를 만들었다. 학생과의 대화는 그곳에서 한다. 개선된 교무실을 사용한 교사는 "이러한 공간을 써 보니 참 좋아요. 각 층마다 학생들을 위해 카페 같은 공간을 만들어야겠어요."라고 했다. 공간은 실제 써 봐야 안다. '공간이 제3의 선생님'(로리스 말라구치)인 이유다.

경남 사천의 용남중학교 교무실. 교사들이 주로 머무는 공간인 교무실이 카페 같은 분위기로 바뀌었다.

∧∧ 용남중학교의 '지혜샘'. 다목적 문화 교육 공간으로, 학생들이 곳곳에서 책을 읽거나
창작 활동을 할 수 있다.

∧ 용남중학교의 '채움뜰'. 휴식 및 놀이 공간으로, 오케스트라 연습실, 보드게임실 및 댄스실로
활용되는 3개의 공간으로 이루어져 있다.

학교 공간에 대해 이야기를 할 때마다 문제적 공간으로 교장실 이야기가 꼭 나온다. 중요한 것은 교장실의 넓이가 아니다. 학교 구성원 모두가 교장실을 함께 이용한다면 문제 될 리 없다. 문제는 교장실이 넓은 면적을 독점하는 것이다. 최근 많은 학교에서는 교장실에 소파와 테이블을 없애고 회의용 테이블을 들여놓고 있다. 서울상천초등학교는 교장실을 학생들에게 내어 주고 싶다는 교장 선생님의 파격적인 결정에 따라 교장실이 다른 공간으로 바뀌었다. 교장실을 중앙 현관 바로 옆으로 옮기고 통유리로 된 벽을 세워 개방형 공간으로 바꾼 것이다. 레일형 커튼을 달아서 필요에 따라 비개방형 공간으로도 사용 가능하다.

교장실 앞 중앙 현관을 사용한 방식도 주목할 만하다. 학교를 학습 공간과 공유 공간으로 나눈다면 공유 공간이라 부를 수 있는 곳은 현관과 로비이며, 안타깝게도 학교는 대부분의 공간이 학습 공간으로 되어 있다. 상천초등학교 학생들은 중앙 현관에서 친구들과 만나고 이야기한다. 이곳이 학교 사용자들의 휴식 공간으로 공유되고 있는 것이다. 상천초등학교는 교육 시설의 투명성을 높이고 학생들과 소통하는 기회를 늘리는 데 큰 가치를 두었다. 교사들도 개방적인 교무실을 만드는 설계안에 동의해 교무실 벽을 모두 통유리로 마감했다. 상천초등학교 리모델링의 핵심은 학교 운영의 철학을 공간에 반영하고, 교사들의 의견을 수렴하여 공간을 마련했다는 데에 있다.

서울상천초등학교의 교장실(사진 왼쪽)과 교무·행정실은 기존의 벽면을 통유리로
바꿈으로써 열린 공간으로 재탄생했다. 폐쇄적이었던 중앙 현관(사진 중앙) 역시
수조와 식물이 있는 휴게 공간으로 바뀌었다.

학교에는 식당, 도서관, 보건실, 과학실, 음악실, 미술실, 체육관, 상담실 등 많은 공간들이 있다. 그 공간들은 모두 단절되어 있다. 이들을 연결하는 것만으로도 새로운 효과를 일으킬 수 있다. 이를테면 도서관 – 식당(카페) – 과학실이 연결된 연구소와 같은 공간을 만들면 어떤 유기적인 수업이 가능해질까? 음악실과 체육관이 연결되어 있다면 어떤 수업의 전 – 중 – 후 설계가 가능해질까? 배움터, 쉼터, 문화 예술을 향유하고 구성원들이 활발하게 소통하는 터전으로서 학교 공간을 재구조화하는 것은 어려운 일일까? 다시 말해 학교 공간이 학습을 넘어 '삶의 공간'으로 재탄생하는 것은 불가능한 일일까?

"당사국은 휴식과 여가를 즐기고, 자신의 연령에 적합한 놀이와 오락에 참여하며, 문화 생활과 예술에 자유롭게 참여할 수 있는 아동의 권리를 인정한다." 어린이 권리에 대한 국제 조약 제32조 제1항이다. 현재 대한민국 곳곳에서는 학교를 삶의 공간으로 만들기 위한 여러 시도가 일어나고 있다. 지역마다 다양한 시도가 이루어지고 있으며, 그 바탕에는 청소년들의 권리에 대한 인정이 공통적으로 작용하고 있다는 점이 고무적이다.

학교를 바꾸는 수업

학교 공간에 대한 고민의 시작

광주 수완중학교에 있을 때 학생들과 전남 순천으로 여행을 간 적이 있다. 정기용 건축가가 설계한 기적의 도서관 1호를 시작으로 조례 호수 도서관을 거쳐 순천만에 가는 하루짜리 소풍이었다. 도서관 탐방에 앞서 제주 어린이 NGO에서 제공한, 어린이들이 만든 '어린이가 바라보는 좋은 도서관 체크 리스트 50'을 활동지로 이용했다. 이를 기준으로 기적의 도서관이 좋은 도서관인지 탐색했다. 학생들은 사용자들을 인터뷰하고, 사서에게 질문하고, 사진도 찍으면서 즐거운 시간을 보냈다. 이들의 활동을 사진으로 담으면서 카메라를 들여다보는데 갑자기 슬픈 생각이 들었다. '학교가 이래야 하는 게 아닌가⋯⋯.' 나는 의무 교육 기관에 종사하는 교사이다. 의무적으로 오게 하는 학교 공간이 이 도서관 같아야 하는데 한 번도 학교 공간에 대해 생각해 본 적이 없다는 것을 처음 깨달았다.

채광, 가구, 서가, 개인 공간과 공유 공간의 조화 등이 매력 넘치게 구조화되어 있는 이 공간이 학교여야 하지 않을까? 왜 나는 교사로서 나와 학생들의 공간을 한 번도 고민하고 요구해 본 적이 없었을까? 왜 학교 공간에 이렇게까지 순응해 왔던 걸까?

도서관 투어를 마치고 우리는 순천만 정자에 앉았다. "선생님, 광주에는 왜 이런 도서관이 없어요? 왜 우리가 여기까지 와서 봐야 되는 거죠?" 우리는 바로 편지를 썼다. 우리가 원하는 지역 도서관 건립을 주제로. 이것이 미래 유권자의 당당한 요구임을 인식하도록 수신처는 지자체장들과 학생들의 생활권에 있는 도서관장으로 정했다. 편지 쓰기는 실제 결과를 기대했다기보다 여론을 환기하고자 하는 노력이었다. 예상대로 쓸 만한 답은 오지 않았다.

다만 의도하지 않은 결과가 하나 생겼다. 학생들이 학교 도서관의 변화를 요구하기 시작한 것이다. 학교 홈페이지에 학교 도서관의 문제점과 도서관 시설 개선 방향을 구체적으로 적었다. 학생들은 교사 및 교장 선생님의 반응에 집중했다. 교장실에서 학생, 교사, 행정 직원이 모여 학교 도서관 리모델링에 대해 이야기했고, 도서관의 구조를 부분적으로 변경하기로 했다. 학생들은 이를 자신들의 성과라고 여겼다. 교실 증축으로 도서관을 이관해야 했을 때에도 교무 회의에서 "학교 도서관을 쓸 학생들에게 어떤 도서관이 좋을지 물어봅시다."라는 말이 나왔다. 애초에 학생들의 움직임이 있었던 덕분이다. 학교는 도서관 프로젝트를 위해 15시간 직무 연수 코스를 열었고, 이 연수 내용을 바탕으로 15차시 이상의 도서관 프로젝트 수업을 시작했다.

프로젝트를 통해 교사인 나는 두 가지를 깨달았다. 첫째, "어떤 도서관을 갖고 싶니?"라는 물음은 "어떻게 살고 싶니?"라는 말과 다르지 않다는 것이다. 학생들은 와이파이가 되는 도서관, 만화 서고가 따로 존재하는 도서관, 악보가 있는 도서관, 간단한 음료를 먹을 수 있는 도서관, 토론방이 있는 도서관, 학교 한 층 전체가 도서관인 그런 도서관을 그렸다. 둘째, 배움에는 지식과 실제 상황의 끊임없는 연결, 즉각적 피드백이 필수라는 것이다. 이것이 학생들 전체가 프로젝트에 몰입한 이유였다. 더 나아가 이 프로젝트 이후 학생들은 자발적으로 도서관 여행을 떠났고, 도서관 건축가가 되고 싶다고도 했다. 학교 공간은 사용자가 설계하고 바꿔야 한다는 것을 알게 된 시간이었다.

수업으로 실현한 공간 혁신

도서관 프로젝트의 경험을 안고 나는 광주 선운중학교로 전출했다. 그리고 학교 안 청소년 친화 공간을 주제로 본격적인 학교 공간 혁신 수업을 기획했다. 나는 수업의 힘을 믿는다. 전체 학생들과 수업을 통해 만들어 내는 삶의 변화, 그것은 작은 성공일지라도 학생과 교사를 한 뼘 더 성장케 한다. 교육 과정과 수업 속에 공간 혁신을 어떻게 세팅해야 할지 살폈다. 국어과 성취 기준을 살피고 교육 과정을 재구성했다. 수업 외에 연계해야 하는 학생 활동과 시기를 맞춰 보았다. 예를 들면 독서 프로젝트 주제를 '공간'으로 설정하고, 4월 수학여행지를 공간 탐방이 가능한 곳으로 정하는 식이다. 학년 교육 과정으로 진행해야 하는 중학교 2학년 인문 교육은 주제를 '도시와 공간'으로 놓고 전문가를 섭외했다. 타 교과와 협력이 가능한지 교직원들과 이야기를 나누어 보니 함께할 교사들이 보였다.

물론 이 모든 과정을 미리 계획해 두고 척척 진행했던 것은 아니다. 수업은 생물체와 같아서 학생들과 함께 스스로 진화해 간다. 계획했던 내용이 학생들의 수준과 학교 일정에 따라 유연하게 바뀌었고, 실패하기도 하고 더 나은 결과를 낳기도 하면서 처음 의도한 성취 기준 외에 다른 내용이 덧붙었다.

3월 독서 수업으로 '더불어 사는 삶: 책을 읽는 이유'라는 프로젝트 수업을 진행했고, 3월 말 파주 출판 도시 – 부천 만화 박물관 – 서울 도서관으로 구성된 출판 캠프 수학여행을 기획했다. 2박 3일간의 출판 캠프의 첫날 일정은 파주 출판 도시에서 진행되었다. 카페 안 도서관, 중고 서점, 북 카페 등 공간을 탐색할 수 있는 미션들을 주었고, 학생들은 찾아간 곳에 해당하는 미션을 찾아 선택적으로 수행했다. 부천 만화 박물관, 서울시 도서관에서도 활동은 이어졌다. 휴대전화로 찍은 사진을 같이 보면서 학생들에게 사진 속 장소와 같은 곳이 우리 학교 어디에, 왜 필요한지 각자 편한 방식으로 표현해 달라고 했다. 학생들은 글로, 그림으로, 사진 꼴라주로 자신들이 상상하는 공간을 표현했다.

출판 캠프 이후 학교 수업이 이어졌을 때 학생들은 그때의 경험을 녹여 학교 공간을 제안했다. 서울 도서관의 하늘 정원(옥상)을 탐색한 친구들은 "학교에도 옥상이 있잖아요. 도서관 옆에. 그런데 유리로 된 문은 자전거 줄로 꽁꽁 묶여 있어요. 우리도 서울 도서관처럼 옥상에 정원을 만들어요."라고 제안했다. 나는 기대하는 마음으로 옥상 정원에서 무엇을 하고 싶으냐고 물었는데 "삼겹살 파티요."라는 답이 돌아왔다. "다른 반 담임 선생님은 1박 2일 캠프도 가고, 반별 단합 대회도 하던데……. 많이 부러워요. 그렇게 가지 못해도 학교에 옥상 정원이 있으면 거기 가서 놀면 되잖아요. 그리고 가정실 빌려 쓴 뒤에 담임 선생님이 방향제 사서 뿌리면서 가정 선생님한테 죄송해하지 않아도 되고요. 4층 후관동이니까 크게 웃어도 되고. 어디 멀리 가는 것도 아니라서 엄마가 가지 말라고 하지도 않을 거 같아요." 툭 던진 이야기들에 이들이 보는 세상이 다 담긴 것 같았다.

캠프나 워크숍 한 번으로 공간에 대한 아이디어가 모두 생기는 것은 아니다. 출판 캠프 외에도 학년 교육 과정 안에서 공간 관련 인문학 수업도 진행했고, 전체적인 활동이 어려울 때는 동아리 활동으로도 공간 상상 활동을 이어 나갔다. 방학이 되었다. 방학 동안 학생들은 수시로 문자 메시지를 보내 왔다. "선생님, 엄마랑 마트에 왔는데요, 이런 책상이 교실에 있으면 좋겠어요.", "선생님, 교실에 이런 전

등(샹들리에)을 달면 멋있을 거 같아요.", "선생님, 식당 바닥에 금붕어가 다녀요. 우리도 복도에 만들어요.", "선생님, 트릭 아트 보러 왔어요. 완전 재밌어요. 학교에도 트릭 아트 전시관을 만들어요." 인테리어 수준의 아이디어였지만 하루 20여 통씩 쏟아지는 메시지가 교사에게 말한다. 학생들에게 학교가 삶의 공간이 되어 가고 있다고.

공간 혁신 상상 테이블 프로젝트

2학기 공간 혁신 상상 테이블 프로젝트가 시작되었다. 수업 과정은 '독서 – 학교 구석구석 탐방 – 공간 제안 – 공청회'로 잡았다. 먼저 학생들과 『공간이 아이를 바꾼다』(중앙북스, 2014)라는 책을 수업 시간에 읽었다. 문화체육관광부 주관으로 2008년부터 2013년까지 시행된 '문화로 행복한 학교 만들기 사업' 속 학생들의 참여 디자인 이야기가 담겨 있다. 전국 55개 학교의 변화가 학생들의 이목을 끌었다. 외국 사진을 볼 때는 이민 가고 싶다고 했던 학생들이 같은 지역의 학교나 중학교의 사진들을 보면서는 "우리도 이런 것을 한다는 말이죠?"라는 반응을 보였다.

책의 저자인 김경인 소장님께 추진 사업의 백서를 받았고, 소장님이 학생들에게 사용했던 활동지를 활용했다. 학교란 어떤 곳인지, 학교 안 재미있는 곳 혹은 재미없는 곳, 안전한 곳 등을 모둠별로 토의하고 본 수업 시간에 직접 그 공간을 찾아가 모둠원들과 공유했다.

수업 시간에 학교 구석구석을 탐방하고 사진을 찍고 메모하는 즐거움이 컸다. 돌아와서 모둠별로 개선해야 할 점을 이야기하고 어떤 공간을 바꿀 것인지를 결정하여 발표하게 했다. 발표의 핵심은 '어디에, 왜, 어떻게, 누가'이다. 공간의 변화를 통해 우리에게 가능한 삶이 무엇인지를 함께 점검하는 것이 중요했다. '무엇을 하기 위한 공간이 필요하다'거나, 역으로 '이런 공간이 있으면 무엇이 가능하다'를 상상하게 하는 것이다.

발표와 동료 평가를 통해 피드백을 받은 학생들은 모형 제작을 시작한다. 모형 제작을 위해 기본적으로 제공한 것은 레고이다. 레고를 수업 재료로 쓴 이유는 몇 해 전 덴마크를 방문했을 때의 기억 때문이었다. 2015년 당시 덴마크는 교육 개혁의 시기를 맞이하고 있었다. 덴마크 정치인들은 학력 향상과 태만 극복을 위해 학생들이 학교에 더 머물러야 한다고 주장했고 이에 따라 학생들을 학교에 두 시간 더 머무르게 한다는 시행령이 마련되고 있었다. 나는 한스 스콜레라는 학교를 방문했는데, 해당 학교에서는 "시행령에 따라 학생들을 학교에 두 시간 더 머무르게 한다고 할 때 어떤 공간을 마련해야 학생들이 더 행복해할까?"라는 주제로 교무 회의를 열었다. 교사들은 레고로 자신들이 생각한 학교 공간을 표현했다.

학생들에게 레고를 줄 때는 딱딱한 블록을 보완할 수 있는 다른 재료들을 함께 주는 것이 좋다. 재료가 다양할수록 표현이 더 풍부해진다. 휘어지는 재료, 자연을 표현할 수 있는 재료, 자신과 친구들을 직접 그려서 플라스틱으로 구워 낼 수 있는 슈링클스 등의 재료를 학생들은 좋아했다. 학생들이 자신의 생각을 정리하고 상대를 설득하는 데 생각보다 많은 시간이 걸렸다. 그리고 구상한 것을 레고로 만들었다 해도 그것을 통해 생각을 전달하는 것이 쉽지만은 않았다. 하지만 급하게 진행한 수업이 아니었기에 학생들은 논의하고 기록하고 사진으로 담으면서 공간을 만들어 갔다. 사진은 이후 매체를 활용한 발표 수업에서 좋은 자료로 사용되었다.

학생들이 블록을 활용해 자신들이 생각하는 학교 공간을 표현했다.

개선하려는 공간이 사용하는 교실이라면 수업 시간에 논의한대로 진행하면 된다. 하지만 학교 안 공유 공간일 경우 전교생과 함께 이를 협의하는 시간이 필요했다. 또 다른 반에서는 어떤 공간을 제안했을지 서로 궁금해했다. 그래서 '청소년 친화 공간 프레젠테이션 대회'를 개최했다.

"국어 시간에 책을 읽고 이야기를 하는 것까지가 독서라고 배웠습니다. 그래서 우린 독서 동아리를 만들었습니다. '책톡 900'. 일 년에 900분의 책 수다를 떠는 모임이죠. 책을 읽고 점심시간에 도서관으로 갔습니다. 이야기 소리가 시끄럽다고 해서 빈 교실로 이동했죠. 그런데 학폭위(학교폭력대책자치위원회)가 열릴 거라고 나가라고 하셨어요. 위 클래스(상담실)에 갔지만 이곳은 동아리실이 아니니 쓸 수 없다고 하셨어요. 보건실은 사람이 많았죠. 교실에서 할 수도 있지만 다른 반 학생은 출입 금지잖아요. 방과 후에 남아서 하려는데 학교 끝났으니 나가 달라고 했어요. 도대체 어디서 하죠? 공간 혁신 수업을 하면서 우리는 깨달았습니다. 우리가 특별한 어떤 공간을 요구하는 것이 아니라는 것을요. 우리는 상상합니다. 홈 베이스에 파티션을 세우고, 예쁜 탁자와 푹신한 의자가 있다면 우리는 동아리 활동을 할 수 있습니다."

"우리는 공간 혁신 수업이 좋았습니다. 우선 선생님은 민주주의의 시작은 예산 공개라고 하시면서 에듀 파인을 열어서 보여 주셨어요. 그때 '아, 진짜 우리가 공간 혁신을 하는구나.'라는 생각이 들었죠. 많은 친구들이 수업에 열중했죠. 파워포인트 제작을 위해 추가로 사진을 찍고 학교 근처 피시방에 삼삼오오 모여서 수정하기도 하고요. 우리는 왜 이렇게 열심히 했을까요? 우리가 쓸 공간을 우리에게 물어보고, 함께 만들자고 해서였죠. 그렇게 만들어진 공간은 참 좋겠죠. 그런데요, 우리는 곧 졸업해요. 우리 후배들도 우리가 만든 공간을 좋아할까요? 학교는 늘 바뀝니다. 쓰는 층도 바뀌고, 선생님도 친구도 바뀝니다. 그러니 학교 안에 공간을 새로 만든다면, 지금의 우리처럼 모두가 공간 혁신에 직접 참여할 수 있어야 합니다. 그래서 제안합니다. 학교 안 공간 혁신. 학교를 다니는 사람들이 참여할 수 있는 공간, 바꿀 수 있는 공간이 필요합니다."

'청소년 친화 공간 프레젠테이션 대회'에서 학생들은 학교 안 댄스실, 운동장 축구화 보관소, 백화점 같은 화장실 등의 안을 내놓았다. 그중 '모두가 참여할 수 있는 공간'을 말한 마지막 학생의 발표는 대회장의 시간을 순간 멈추게 했다. 그리고 많은 수의 학생들이 마지막 학생의 의견에 투표했다.

모두가 참여할 수 있는 공간의 탄생

학생들은 삶을 이야기하는 비디자인적 요소와 이를 실현하는 디자인 요소를 모두 언급했다. 발표에서 가장 많은 점수를 얻은 '모두가 참여하는 공간'의 내용을 시공하시는 분들에게 전달했다. 그 외학생들의 여러 이야기들도 설명해 드렸다. 학생들의 언어를 공간으로 바꾸는 데에는 문화 기획자의 도움이 컸다. 창 쪽에 있는 나무 그릴은 학생들의 제안과 어른의 지혜가 만들어 낸 설치물이다.

> "학생 작품이라고 하는 것들 말이에요. 수업 시간에 점수를 잘받기 위해서가 아니더라도 잘 만들고 싶을 때가 많아요. 그래서최선을 다해 만들었죠. 그런데 안 걸어 주시던데요. 전부 모아서선생님 사물함으로 들어갔다가 7월에 다시 꺼내 점수를 주시고,다음 해 2월에 함께 정리하면서 우리 손으로 친구들 작품을 버릴 때가 많았죠. 벽에 못질을 하면 안 된다고 하면서요. BTL(학교 시설 임대형 민자 사업) 때문이라나? 벽에 걸 수 없으면 나무를 덧대면 되지 않나요?"

이 이야기는 기획자에게 전달되었고 나무 그릴에 학생들이 직접작품을 설치할 수 있게 되었다. 그릴 두 곳에는 문을 만들어 환기가가능하게 했다. 이 공간이 바로 '인문 공간 2037'이다.

광주 선운중학교의 '인문 공간 2037'. 선운중학교의 주소인 선운로 20번길 37에서 따와
이름을 지었다. 나무 그림로 된 벽면(아래)에는 학생들이 만든 작품을 전시한다.

학생들은 이 공간으로도 환호했다. 그리고 후배들도, 새로 올 선생님들도 공간에 참여할 수 있도록 무언가를 꼬물꼬물 만들 장소가 하나 더 필요해졌다. 그래서 하나의 공간을 더 만들었다. '예술 작업장 꼬물'.

광주 선운중학교의 학생들은 교내 목공소인 '예술 작업장 꼬물'에서 버려진 고물과 재활용품 등으로 자신들이 원하는 것을 직접 만든다.

드릴, 톱 등의 공구를 구비하는 것과 관련해 안전 문제가 제기되었다. 고민 끝에 교무 회의에서 발표했다. "맞습니다. 위험합니다. 그래서 가르칩니다." 짧고 강력한 이 문장 덕분에 다행히 관리자의 동의를 받을 수 있었고, 상주 작가를 채용하는 혁신으로 이어졌다. 그렇게 학교 안에 '인문 공간 2037'과 '예술 작업장 꼬물'이 탄생했다. "이따 2037에서 봐.", "꼬물 갔다 왔어?", "오늘 수업 2037에서 해요!" 복도, 교실에서 학생들의 언어 속에 공간들이 옮겨 다녔다.

새 공간의 탄생은 선생님들로 하여금 새로운 수업을 상상하게 했다. 1학년 때 나무를 배우고 2학년 때 나무로 개인 물건을 만들고 3학년 때 사회를 위한 물건을 만들 수 있다면 이 학생은 3년 교육 과정을 거친 뒤 생산자가 되어 있을 거라고. 그리고 우린 또 앉아서 상상했다. '우리 학교에 입학하는 학생들이 한 달 동안 아무것도 배우지 않고 강당에서 자신이 쓸 책상과 의자를 만들었으면 좋겠다, 그걸 들고 교실에 들어가는 것이 입학식이었으면 한다. 그렇게 만든 것들을 2학년 때 가지고 가고, 3학년 때 가지고 간 다음 졸업하기 직전에 직접 만들었던 이 가구들이 사회 어디에 놓이면 더 잘 쓰일지를 고민하는 마지막 프로젝트를 했으면 좋겠다.' 이런 상상이 가능한 것은 무엇 때문이었을까? 공간이 주는 힘 때문이 아니었을까?

학교 안 '엉뚱' 공간 만들기

학생들과 아름다운 수업으로 같이 성장해 왔는데 한 가지 문제가 생겼다. 학생들이 졸업과 동시에 고등학교에 가면 이런 게 멈춘다는 것을 안 것이다. 학교에서 배운 것이 밖에서도 통한다는 믿음을 주기 위해 같이 수많은 노력을 해 왔고 늘 학생들에게 "멈추지 않겠다."라고 약속했는데 이런 상황이 되니 고민이 깊어졌다. 다행히 지역에는 공간 혁신 관련 수업을 지속적으로 살펴봤던 분들이 많이 계셨다.

광주광역시 광산구(구청장 민형배)는 '자치'에 집요하게 매달렸다. 자치란, 단순 거주민에 불과한 주민등록상의 '인구'가 자기 삶을 스스로 결정하는 '시민'으로 재탄생하는 일이다. 광산구청은 이를 위한 교육을 지원하고 싶어 했다. 기회가 왔다. 나는 구청으로 직장을 옮겼다.

민선 6기 광산구의 교육 정책은 '공간'이었다. 학교 안 문화 예술 플랫폼 '엉뚱'과 학교 밖 아니, 마을 속 시민들의 플랫폼인 야호 센터가 유기적으로 만나게 하는 것을 핵심 사업으로 삼았다. 청소년 문화의 집 야호 센터에는 학교 안 엉뚱의 공간을 만드는 데 도움을 주는 지원 센터의 역할을 부여했다. 광산구의 사업은 '공모 – 전체 교직원 워크숍 – 마을 및 학생과 함께하는 업무 협약 – 공간 생성 워크숍 지원 – 수업 콘텐츠 지원 – 개소 – 공간 활용 연속 공유' 순으로 진행되었다. 지자체 측은 "지원하되 간섭하지 않겠다."라고 약속했다. 학교 현장에서 공간 혁신을 할 때 교사들 입장에서 가장 먼저 드는 생각은 '어떻게 수업하지?'이다. 그 막막함을 해소해 주기 위해 원하는 경우 전체 워크숍, 개별 수업 콘텐츠, 학생 교육을 지원했다.

학생들과 함께하는 업무 협약식에는 주 진행 학년 전교생이 교육 과정 안에서 야호 센터로 온다. 교사 대표 교장, 학생 대표 학생 1인, 지자체 단체장이 서명을 한다. 서로 무엇을 약속했을까? 교장은 "'빨리 지으세요, 학생들의 의견은 의견이고 공사는 공사죠, 잘 지어서 잘 쓰면 되니 서두르세요.'라고 하지 않겠습니다. '실패해도 괜찮습니다.'라고 하겠습니다."라고 했다. 학생은 "직접 사인까지 하고 나니 정말 수업 시간에 잘해야 될 것 같습니다. 수업 시간에 집중하겠습니다."라고 했다. 그리고 지자체는 이렇게 약속했다. "진행하는 교사를 외롭게 하지 않겠습니다. 필요할 때 즉각적인 도움을 드리겠습니다. 끝까지 돕겠습니다. 지원하되 간섭하지 않겠습니다." 이 약속 장면의 증인은 다름 아닌 학교 사용자, 곧 전교생과 교직원이었다.

신청 학교에서는 '엉뚱' 수업이 진행되었다. 학생들로부터 받은 아이디어를 실제로 구현하는 것은 전문적인 영역이다. 그래서 교사들에게 전문가를 소개하고 수업을 지원했다. 첫 번째 작업은 학생들의 공간 아이디어 생성 워크숍이었다. 실제로 많은 수업에서 학생들은 학교 외에는 삶의 공간으로서 상용 공간을 사용해 본 경험이 없기 때문에 학교 안에서 무엇을 해야 할지, 학교 안에 무엇을 담아야 할지 떠올리길 어려워한다. 그런데 그런 삶의 이야기와 공간의 이야기는 이미 마을에 있다. 마을 탐방이 시작된 이유다. 학생들로부터 자신이 가장 많이 가고 좋아하는 공간을 먼저 이야기해 보도록 했고, 이때 그 안에 미술관 등을 포함하도록 했다. 그렇게 해서 열여섯 개 공간을 직접 골랐고, 그곳에 갈 때 '무엇을 준비해야 되는지, 얼마나 걸리는지, 인근에 맛집이 있는지 등을 검색해 알아보았다.

첫 번째 워크숍에서는 방문 예약, 사전 학습, 질문 만들기, 운영자와의 인터뷰 내용은 메모하는 방법, 인터뷰 시 녹음을 하거나 사진을 찍을 때 동의 구하기 등을 가르치고 같이 이야기한다. 두 번째 워크숍부터는 실습이다. 도서관, 미술관, 카페, 청소년 센터, 동네 책방, 게스트하우스 등 마을 곳곳을 탐방했다. 그곳에서 주민들은 어떻게 살고 있는지, 어떻게 운영하는지도 살펴보며 아이디어를 얻는다.

초·중·고 학교 급별 공간 생성 워크숍을 진행하면 다양한 의견이 나온다. "카페가 있으면 좋겠어요.", "댄스 연습을 하고 싶어요.", "생일 파티를 할 만한 곳이 필요해요." 등등. 나는 이러한 학생들의 의견을 취합해 교장, 교감, 행정 실장, 그리고 담당 교사에게 전달했다. 학교는 이러한 내용을 받아서 더 구체적으로 수업을 진행했다. 그러면 학생들은 "2층 다목적실을 댄스실로 만들어요. 저번에 갔던 청소년 센터를 보니까 거기엔 큰 텔레비전이 있던데 저희는 그런 건 필요 없어요. 유튜브를 보면서 춤을 추기 때문에 휴대폰을 걸 수 있는 공간만 있으면 좋을 것 같아요. 큰 공사 없이 거울만 달면 되겠던데요?" 라는 의견을 낸다. 학생들의 이야기에 귀 기울이는 유일한 집단은 교사이다. 그래서 이러한 수업을 진행할 수 있는 것이다. 그리고 전교생에게 공유하는 과정을 거쳐 달라고 제안하는데, 프레젠테이션 대회를 열 수 없더라도 전교생 투표를 하거나 혹은 그 학교에 맞는 방식으로 뭔가를 하게 된다. 그렇게 해서 하나씩 공간이 만들어졌다.

광주 첨단초등학교에서는 5학년 선생님이 신청하여 업사이클, 목공, 미싱 수업을 했다. 지역 예술가의 도움을 얻어 5학년 학생들과 책상 만들기 수업을 해 보면서 교사도 자신감을 얻었다. 학교 창고의 쓰지 않는 의자를 학생들과 새로 칠해, 버려진 사물을 일상 용품으로 부활시켰다. 이 학교는 추경(추가 경정 예산)을 통해 10월에 예산을 편성했으므로, 학생들과는 두 달 동안 작업할 수 있었다. 학생들이 6학년이 되면 작업한 결과물을 잘 쓰지 못하게 될 것이 걱정되었다. 완성 후 학생들을 만났다. "올해는 의자하고 방석밖에 못 만들었어요. 이제 후배들이 나머지를 채우겠죠. 제가 6학년 층에 가 봤는데요, 쓰지 않는 교실이 두 개나 있더라고요. 또 만들면 되죠."

광주 천곡중학교에서는 여덟 개 반이 수업을 했다. 그 수업의 이야기를 담아서 한 선생님이 디자인 제안을 같이 하기 시작했다. "큰 화면이 필요합니다. 학교에 있는 TV는 작습니다. 뒤에서 잘 안 보입니다.", "푹신한 의자가 필요해요.", "바닥에 뒹굴고 싶어요." 이러한 이야기가 모였고 선택되었다. 어떻게 만들었을까? 수업 시간에 직접 만들었다. 해당 선생님은 미술 교사였는데 지역의 공공 미술 협동조합 예술가, 즉 마을 목수의 도움을 받았다. 교사는 예술가와 수업 과정을 나누었다. 예술가는 수업의 기획 단계부터 참여하며 학생들을 직접 만났다. 프레임과 같은 큰 골격은 마을에서 만들어 오지만, 샌딩이나 페인트칠 등은 학생들이 수업 시간에 했다. 그런데 이 학교는 통폐합 위기에 놓였다. 학생들은 자신이 만든 공간에서 졸업하고 싶다고 주장했고, 우여곡절 끝에 시 교육청은 학교 통폐합을 취소했다. 학생들이 얼마나 공간과 학교를 사랑하게 됐는지 짐작되지 않는가?

광주자동화설비공업고등학교의 교장은 "학교에 실력 좋은 학생들이 왔지만 문화·예술 부분이 취약하다. 광산구 엉뚱 사업이 학생들에게 부족한 부분을 채워 줄 수 있을 것 같다."라며 사업을 신청한 사유를 말해 주었다. 국어 교사는 공간 수업 사례를 비롯해 학생들에게 사용한 프로젝트 제안서 및 평가 등에 대해 상세히 문의해 왔고 여러 차례 미팅을 하며 수업을 준비했다. 지역의 예술가 특강도 겸했고, 학생들이 가진 기술에 따라 역할을 나누는 등 학생과 학교 실정에 맞게 수업을 조절했다. 학생들은 프레젠테이션 대회 전 모든 팀이 밤을 새웠다고 했다. "24시간 학교에 있습니다. 12년간 학교에 있습니다. 왜 우리에게 어떤 환경에서 살고 싶은지 안 물어보십니까? 이제 우리가 답하겠습니다.'' '24/7' 팀이 전교생 투표에서 많은 표를 획득했다. 지역 내 광주청소년삶디자인센터와 협력하여 학내에 '문화 공간 24/7'을 만들었다. 무엇을 하고자 했던 공간이기에 만든 이후 이곳은 늘 활기를 띠고 있다.

지역 청소년 센터와 협력하여 만든 광주자동화설비공업고등학교의 '문화 공간 24/7'.
이곳에서는 선후배 간의 모임 외에도 영화제, 토론회 등이 열린다.

혁신의 확장을 꾀하며

문제 내는 학생, 문제 푸는 어른

2017년 겨울, '이제 문제는 우리가 낼게!'라는 이름의 교육 축제가 열렸다. 그동안 문제를 내지 않았던 학생들이 어떤 문제를 내는지 듣는 자리였다. 그 가운데 공간 혁신 학생 포럼이 가장 많은 사람들의 관심을 받았다. 학생들이 직접 다른 학생들을 대상으로, 수업 시간에 썼던 프레젠테이션 자료 등 여러 가지 자료를 가지고 네 시간 동안 포럼을 진행했다. '이렇게 제안하면 바꿀 수 있다.', '이런 것들을 생각해 볼 수 있다.'는 지식 시장을 함께 열어 서로가 서로에게 배웠다. 그렇다면 그들이 낸 문제는 누가 어떻게 풀고 있을까? 그동안 문제를 냈던 어른들이, 각자의 방식으로 그 문제를 풀고 있다.

"시민이 주권을 갖고 있다면 공간 구상 운영에도 시민 스스로 최고의 권한을 가져야 한다. 그것을 공간 주권이라고 부른다. 중립적으로 인식돼 왔던 학교라는 공간에 대한 도전이야말로 공간 주권의 개념을 이해하고 있는 것이며, 이것은 민주 시민 역량 함양의 매우 탁월한 성과로 볼 수 있다. 더 나아가서 이러한 것들은 특별한 수업이 아니다. 자발적 희생자와 특별한 학생들의 수업이 아니라, 전교생이 함께한 수업이면서 이것을 교육 과정 안에서 소화했다는 점이 탁월하다."

한국교육과정평가원은 광산구 엉뚱 수업을 이와 같이 평가함으로써 그간 엉뚱 수업을 진행해 온 학생들과 교사들에게 힘을 실어 주었다.

창비는 중학교 국어 교과서에 공간 혁신 내용을 담는 것으로 문제를 풀었다. 일부 학교에서는 학교 공간 혁신에 확신이 없거나 도전을 망설이는 학교 구성원들을 설득할 때 해당 단원의 내용을 보여 준다고 한다. "교과서에도 있잖아. 이거 보고 해."라고. "우리 학교도 도전하게 해 주세요."라는 학생들의 바람과 "어떻게 많은 학교들이 할 수 있지?"라는 질문에 대한 답이라고 생각한다.

이 외에도 "왜 우리는 엉뚱 학교가 될 수 없나요?"라는 문제를 함께 풀고 있는 어른들이 많아졌다. 학교는 자유 학년제와 고교 학점제 등 여러 가지 새로운 프로그램이 운영됨에 따라 공간을 주제로 한 현장 배움터를 발굴하고 있다. 교육청은 지속적인 연수와 탐방으로 많은 선생님들에게 학교 공간 혁신에 대해 알리고 있다. 그리고 마을을 함께 만드는 마을 교육 공동체의 콘텐츠로 공간 혁신을 어떻게 지원해야 되는지를 함께 공부하고 논의하고 있다. 지자체는 공모 사업으

'학교 공간 혁신'을 주제로 소단원을 구성한 2015 개정 창비 중학교 『국어 2-2』 교과서.

로, 교육 지원 등으로 곁에서 도움을 주고 있다. 2019년 교육부는 학교 공간을 혁신하겠다고 발표했고, 6월 전면화에 들어간다.

지금까지 살펴봤던 학교 이야기들은 학내 유휴 공간을 하나 바꾸는 정도였다. 그것은 거창하지도, 엄청나지도 않은 일이지만 우리는 이 수업에 열심히 매달렸다. 삶의 공간을 만드는 이러한 사례를 보여주면서 새로 짓는 학교만큼은 감옥 같지 않기를 바라기 때문이다. 그렇게 하기 위해서는 법을 바꿔야 한다. 그래서 입법 기관의 일원인 국회 의원과 함께 정책 간담회를 열면서 실제로 학교와 관련된 법을 바꿀 수 있는지를 고민한다.

무엇보다도 이러한 모든 변화의 기저에는 교사가 있다. 그리고 교사와 함께 호흡하는 학생들이 있다. 이들이 서로 문제를 내고 함께 풀고 있다. 학교 공간 혁신의 핵심은 서로가 내는 문제를 서로가 함께 푸는 것이다.

함께 만든 공간, 함께 자란 사람들

학교와 지자체에서 공간 혁신 프로젝트를 진행하면서 가장 어려웠던 점은 공간을 바꾸는 것이 시설 사업을 하는 것은 아니라는 점을 느끼게 하는 것이었다. 학생들의 경우에는 수업을 통해 자연스럽게 알려 줄 수 있지만, 학교에는 학생 말고도 다른 구성원들이 여럿 있다. 이들에게 이런 생각을 공유하는 것은 어려웠다. 그래서 '시설 공사'나 '리모델링' 등의 단어를 가급적 쓰지 않으려고 굉장히 노력했다. 그럼에도 "방학 때 빨리 공사합시다.", "잘 만들어서 잘 쓰면 되지요.", "학생들의 생각과 공사는 분리해야 되는 것 아닌가요?" 하는 말이 나올 때 그게 아니라고 설득할 만한 마땅한 언어가 없었다. 그래서 학생들에게 의존했다. 학생들이 어른을 더 많이 만나게 했다. 공간을 설명해 달라는 요청이 오면 학생들에게 직접 설명해 달라 부탁했고, 그들의 언어로 많은 어른들을 설득했다.

교사는 수업으로 학생들과 같이 성장하는 존재다. 공간 혁신 프로젝트 수업은 이전에는 못 했던, 또는 안 해 봤던 것들이기에 성장의 폭이 훨씬 컸다. 공간 혁신은 감옥과 같은 학교를 한 방에 고치는 혁명적인 일이 아니다. 사막에 조그마한 오아시스를 만드는 일일 따름이다. 그럼에도 변화는 찾아왔다. 사람이 공간을 바꾸니 공간이 사람을 바꾸었다. 학생들은 학교 공간 혁신을 통해서 공간 주권이 무엇인지 배웠고, 그것을 실현하기 위해 어떻게 노력해야 하는지 알게 되었다. 공간 혁신 노하우를 익힌 학생들이 자신들의 삶터인 마을을 바꾸는 일을 했으면 한다. 도시 및 농산어촌 지역을 재생하는 주역이 되었으면 좋겠다. 혁신이 혁신을 낳고, 변화가 변화를 낳았으면 좋겠다. 이로 인해 사람과 사람 사이가 더불어 따뜻했으면 하는 것, 이것이 공간 혁신을 멈추지 않고 시도하는 이유다.

공간 혁신 수업 이전까지 학생들에게 '질문'은 "교사들이 자신이 설계한 수업을 잘 따라오고 있는지 확인하는 행위"였다. 공간 혁신 수업에 참여한 교사와 학생들에게 질문의 정의는 "우리 앞에 놓인 문제를 풀기 위한 첫 번째 행위"로 바뀌었다. 공간 혁신은 물리적 공간의 변화에 그치지 않았다. 인식의 공간, 삶의 태도, 생각의 구조까지 혁신시켰다.

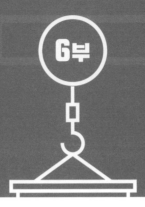

6부

학교와 마을이
함께하는
공간 혁신

이영범 _ 경기대학교 건축학과 교수

마을과 학교가 공동체를 이룰 때
아이들의 욕망은 좀 더
건강하게 발산됩니다.

자유와 창의의 공간을 꿈꾸다

학교, 변하지 않는 제도화된 공간

학교는 우리가 마주치는 공간 가운데서 잘 변하지 않는 제도화된 공간이다. 일자형으로 길게 늘어선 건물에 똑같은 창문들이 판박이처럼 박혀 있는 공간에서 교육 활동이 이루어진다. 전통과 역사를 자랑하는 학교라 해도 그 전통과 역사를 담고 있는 물리적 환경을 들여다보면 건축물의 형태가 주는 획일성이 참담하기 그지없다.

형태의 경직성은 공간이 운영되는 방식의 경직성으로 이어지기 마련이다. 학교를 방문했을 때 가장 먼저 마주치는 공간은 현관이다. 그곳으로는 교장·교감 혹은 학교를 방문하는 외부 인사들이 주로 출입하고 학생들은 일자형 교사동의 양쪽 끝 출입구로 통행하는 경우가 많다. 아예 학생들의 현관 통행을 금지하는 학교도 많다. 현관을 드나드는 주체가 학교의 주인인 학생들이 아닌 것이다.

앞서 말했듯이 대부분의 학교 교사동은 일자형 평면을 취하고 있으며, 교실 면적은 대략 65m² 정도다. 약 40명 정도의 학생을 수용할 수 있는 면적의 교실들이 판박이처럼 일자로 늘어서 있고 그 옆으로는 편복도가 길게 나 있다. 편복도나 중복도 양쪽 끝에는 계단이 있고 학생들을 위한 화장실 정도가 붙어 있다. 긴 복도에 똑같은 교실들이 반복적으로 배치된 이러한 구조는 '공간이 학생들의 창의성이나 자유로운 사고를 제약하는 것 아닐까?' 하는 우려를 하게 만든다.

교실 앞문 위에는 1학년 1반, 1학년 2반, 1학년 3반 등 표지가 하나씩 붙어 있다. 그리고 복도를 향해 난 교실 창문은 아이들의 집중

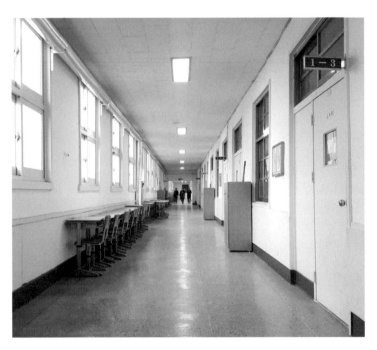

우리나라 대부분의 학교는 동일한 크기와 형태의 교실들이 복도를 두고 일렬로 늘어선 구조로 되어 있다. 최근 이러한 학교 공간을 자유와 창의의 공간으로 바꾸고자 하는 움직임이 커지고 있다.

도를 높이기 위해 아이들이 앉은 상태의 눈높이보다 높은 곳에 있다. 교실 안을 들여다보면, 제일 앞에 칠판과 교탁이 있고 선생님을 중심으로 학생들이 모두 전면을 바라보는 일방향적 구조로 되어 있다. 교사 중심의 일방적인 교육 방식이 이러한 공간 구조를 만들고, 이러한 공간 구조가 다시 학생들을 강압적인 교육 방식에 익숙해지게 만드는 것이다. 결코 학생들을 위한 공간이라고 볼 수 없다.

영국 록 그룹 '핑크플로이드'의 노래 중에 「Another brick in the wall」이라는 곡이 있다. 제목을 우리말로 번역하면 벽 안의 또 다른 벽돌 한 장이라는 뜻으로, 이는 학교에 있는 아이들의 모습을 비유적으로 표현한 것이다. 이 곡에는 학생 개개인의 개성과 자유를 무시하는 교육 현실에 대한 적나라한 비판이 담겨 있다. 뮤직비디오에는 컨베이어 벨트에 아이들이 실려서 옮겨지고, 그 기계의 끝에서 표준화된 형태의 소시지들이 뽑아져 나오는 장면이 등장한다. 학교 공간을 획일적인 교육 공간, 통제된 공간, 권력과 감시의 공간으로 해석한 것이다.

제러미 벤담이 구상한 권력과 감시의 공간인 패놉티콘 역시 종종 학교의 또 다른 표상으로서 언급된다. 교실과 교실들이 모여 있는 학교의 전체 구조를 보면 학교 공간의 특징을 몰개성화 또는 획일화라고 요약할 수 있을 것이다. 학교 행정의 중심인 교장이 모든 교사들을 통제하고 교사들은 학생들을 통제한다. 또한 학교 공간 상위에는 지배적인 교육 이데올로기가 있다. 이러한 통제가 가능하도록 단순화·획일화된 형태로 만든 것이 학교 공간이다. 학교 공간 안에서 학생들은 각각 개별적 주체로서 인정받지 못하고 숫자로 상징화된다. '1번', '1학년 3반', '42등'과 같은 숫자로 표현되는 존재인 것이다. 학교 공간은 이러한 획일화를 통해 개인의 존재감을 상실하게 만든다. 개인보다는 집단을 강조함으로써 그 집단 내 개인의 정체성을 무시하거나 존중받지 못하도록 하는 것이다.

물리적 폭력과 함께 억압 및 통제라는 정신적 폭력이 빈발하는 점은 획일적인 공간에 내재된 한계이다. 학교가 개인을 집단에 순종하도록 만드는, 즉 정신적 억압이 이루어지는 공간으로 작동해 오지 않았는지 반성해야 한다. 학교를 어떻게 권력과 감시의 공간이 아닌 자유와 창의의 공간으로 재탄생시킬 수 있을까 하는 고민은 지난 30~40년 동안 줄곧 이어져 왔다. 말살되어 온 인간성을 학교 내에서 어떻게 회복할 수 있을까? 이를 위해 학교 공간은 또 어떻게 변화할 수 있을까? 이와 같은 고민들이 지금 우리의 학교를 변화시키기 시작했다.

학교 공간과 교육 방식의 관계

학교 공간과 교육 방식은 밀접한 관계를 맺고 있다. 학생들의 창의적이고 자유로운 사고와 활동을 위한 교육 방식을 수용하려면 학교의 공간이 먼저 바뀌어야 한다. 왜 공간이 중요한 걸까? 공간은 무한대로 바뀔 수 있으며, 사용자가 가진 욕구와 꿈을 실현 가능하게 만들어 줄 수 있기 때문이다. 우리는 창의적 환경을 이야기할 때 크게 소프트웨어로서의 프로그램, 하드웨어로서의 공간, 그리고 휴먼웨어인 주체의 세 가지를 언급한다. 학교로 보면 휴먼웨어의 중심은 교사와 학생이다. 그리고 이들 교사와 학생이 활동을 할 수 있도록 지탱하고 지원해 주는 축은 소프트웨어와 하드웨어가 결합된 학교 공간이다.

공간이 바뀐 실제 사례 한 가지를 살펴보자. 교과 교실제의 도입으로 학교 공간은 물리적인 변화의 계기를 맞았다. 교과 교실제는 학생들이 자기 자리에 앉아 있으면 선생님이 들어와 수업을 하는 게 아니라, 학생들이 해당 교과의 교실로 이동해 수업을 듣는 방식이다. 교실은 해당 교과에 맞는 환경으로 꾸며졌으나, 여전히 획일적이고, 딱딱한 복도와 교실이라는 기존의 한계는 그대로 지니고 있었다. 다만 가능한 선에서 변화를 시도했다. 한 교실 공간에서는 교과 수업을 진행하고, 바로 붙어 있는 옆 교실을 개방형 공간으로 만들어 학생들이 자기 주도형 학습을 할 수 있는 미디어 스페이스로 운영한 것이다. 즉 교과 교실제는 교실 공간, 그리고 그 옆의 개방형 공간과 교사들의 수업 준비실을 하나로 묶어서 운영하는 방식을 취하게 되었다. 기존의 두 교실이 블록 단위 유닛, 즉 하나의 단위로 통합된 것이다.

교과별로 운영하는 방식이 바뀌니 획일화된 교실이 내재된 공간의 한계를 넘어선 변화를 맞게 되었다.

교과 교실제는 처음 시도될 당시에는 운영상의 어려움 등으로 비판을 받기도 했지만, 이는 제도 내에서 기존 학교 공간의 변화를 가져온 첫 번째 사례라고 할 수 있다. 아이들이 하나의 교실에서만 머무르는 것이 아니라 다양한 교과 교실로 이동하게 되면서 거점 공간의 역할을 담당하는 홈 베이스가 새롭게 조성되었다. 또한 학교 안에 아이들이 직접 만든 결과물들을 전시할 수 있는 공간이나 쉴 수 있는 또래 쉼터 등이 만들어지기도 했다. 이러한 공간들은 학생 간, 또는 학생과 교사 간, 학부모와 지역 주민 간에 서로 소통할 수 있는 창구가 되었다.

새로 신설되는 학교의 경우 애초에 교과 교실제 운영을 전제로 지어지기도 한다. 기존에는 학교의 중심이 교실이었지만 신설 학교들에서는 미디어 센터, 홈 베이스 등이 학교의 중심이 되었다. 또한 똑같은 크기로 쪼개진 교실 대신 다양한 학습 공간이 결합된 블록 단위의 공간들이 배치되었다. 이러한 공간의 변화는 새로운 방식의 교육이 가능하도록 만들었다. 교과 교실제가 도입된 이후 기존 학교들의 물리적 공간도 조금씩 바뀌어 나갔고 점점 더 많은 학생들이 창의적인 학교 공간을 꿈꾸기 시작했다. 이러한 변화는 비단 교육청만의 노력의 결과는 아닐 것이다. 새로운 교육 방식을 도입하는 과정에서

'학교라는 공간이 꼭 이래야만 할까?' 하고 고민했던 교사들의 노력이 학교를 바꾸는 큰 동력이 됐다.

⋮

공간을 바꾸는 힘

작가성과 사회성의 조화

남양주 동화고등학교에는 '삼각형 학교'라는 게 있다. 말 그대로 삼각형 형태로 지어진 건물로, 먼저 지어져 있던 중학교와 고등학교 건물 사이에 끼어 있는 교사동을 가리킨다. 학교 건물이 이렇게 삼각형 형태로 지어진 데에는 사연이 있다. 기존의 동화고등학교는 교실이 상당히 부족했다. 그래서 학교 측에서는 중학교와 고등학교 건물 사이에 3학년 학생들을 위한 별도의 교실을 짓기로 했다. 처음에는 교육청 발주에 의해 일자 형태로 설계되었다. 그런데 완성된 설계대로 건물을 지을 경우 중학교 건물이 완전히 가려지게 된다는 문제가 있었다. 학교 측에서는 새로 지어지는 건물에 중학교가 가려지는 것을 원하지 않았다. 이뿐만 아니라 교사들은 이러한 일자 형태의 건물이 입시에 시달리는 고3 학생들에게 적합하지 않다는 생각을 했다.

⌃ 남양주 동화고등학교 전경. 가운데에 위치한 건물이 '삼각형 학교'라고 불리는 송학관이다.

⌃ 동화고등학교 송학관 건물 안쪽에는 하늘을 향해 열린 중정이 조성되어 있다.

논의 끝에 학교 측은 교육청에서 발주한 설계안을 거부하고 새로 건축가를 섭외했다.

새로 설계를 맡은 건축가는 과감하게 삼각형 모양의 건물을 제안했다. 일자형의 교사동을 삼각형처럼 구부리면 새 건물에 의해 중학교 건물이 가려지는 문제를 해결할 수 있었다. 더불어 건물 안쪽에 공부하느라 지친 학생들이 친구들과 함께 쉴 수 있는 공간을 만들 수 있었다. 그렇게 해서 탄생한 공간이 삼각형 모양의 중정(마당)이다. 학생들은 쉬는 시간에 이곳으로 나와 담소도 나누고 바깥 공기도 마시면서 휴식 시간을 갖는다.

삼각형 학교는 2층과 3층 사이가 뚫려 있어서 다른 층에 있는 학생들 간의 소통이 훨씬 쉽다. 또 삼각형 마당을 둘러싼 3면이 전부 유리로 되어 있어서 교실 밖과 복도에서 움직이는 학생들의 모습을 어느 교실에서든 볼 수 있다.

일본 도쿄 인근에 있는 후지유치원은 독특한 형태를 가진 것으로 유명하다. 2007년에 개원한 이곳은 원형으로 된 단층 건물로, 규모는 그리 크지 않지만 건물 가운데에 동그랗고 넓은 마당이 있다. 건물이 원형으로 빙 둘러싼 형태로 되어 있기 때문에 개별 교실들이 모두 마당을 향해 열려 있다. 그 덕분에 교사들은 어디서나 아이들의 모습을 지켜볼 수 있고, 아이들도 원하는 공간으로 언제든지 이동할 수 있다.

후지유치원의 어린이들은 마당뿐만 아니라 옥상에 올라가 빙글빙글 돌기도 하면서 하루 종일 뛰어논다. 옥상은 유치원의 동그란 마당과 다양한 방식으로 연결되어 있다. 아이들은 계단 외에도 미끄럼틀이나 오르내릴 수 있는 나무를 통해 유치원 이곳저곳을 이동한다. 옥상에는 아이들의 안전을 위해서 난간이 설치돼 있는데 자세히 보면 난간 살 사이가 꽤 넓다. 유치원과 같은 공간의 경우 안전이 굉장

일본 도쿄 다치카와에 자리한 후지유치원. 도넛 모양으로 만들어진
유치원 옥상에서 아이들이 신나게 뛰어놀고 있다.

히 중요하므로, 교사나 학부모는 대부분 촘촘한 난간을 요구한다. 이곳 역시 처음 지어질 당시 건축가가 안전을 위해 난간을 촘촘하게 설계했지만, 원장이 그것을 거부하고 자유로운 형태의 난간을 제안했다. 그 결과 이 유치원의 난간은 살 사이의 폭이 넓은 개방형으로 만들어졌다. 마당에서 운동회가 펼쳐지는 날, 아이들은 난간에 다리를 쭉 뻗고 걸터앉아서 친구들을 응원하며 운동회를 즐긴다. 이처럼 작고 미묘한 공간의 변화가 아이들의 자유로운 활동을 가능하게 만든 것이다.

후지유치원은 건물을 지으면서 기존에 있던 나무 세 그루를 베지 않고 그대로 살려 두었다. 그리고 이를 자연 체험 학습이 가능한 공간으로 재탄생시켰다. 나무에 굵은 밧줄과 그물망을 설치해 둔 것이 그것이다. 아이들은 밧줄을 타고 나무 위쪽으로 올라가거나 나무의 이곳저곳을 다양한 눈높이에서 체험할 수 있다.

한편 마당의 테두리에는 트랙이 마련되어 있고 그 위로는 지붕이 뻗어 나와 있다. 그래서 아이들은 눈비가 오는 날이든 태양이 뜨겁게 내리쬐는 날이든 걱정 없이 달리기를 할 수 있다. 마당 한쪽에는 우물이 있어 직접 물을 길어 볼 수도 있다. 이처럼 건축가가 공간을 디자인할 때에는 기능적으로 요구되는 공간을 설계하는 것을 넘어서, 어떻게 하면 사람들이 익숙한 공간을 생활 속에서 색다르게 체험하게 만들지를 상상하는 일도 굉장히 중요하다.

공간을 구성하는 큰 힘으로 작가성과 사회성 두 가지를 말할 수 있다. 이 두 가지는 서로 연계되어 있다. 작가성은 그 공간을 창조적으로 만들어 내는 건축가의 몫이고 사회성은 사용자의 몫이다. 사회성과 작가성, 이 두 가지 중 어느 하나가 넘쳐도 안 되고 또 다른 하나가 다른 하나를 억압해서도 안 된다. 전문가가 주도하는 작가성이 너무 빈틈없거나 강하면 사회성이 파고들 틈이 없다. 건축가는 사용자가 원하는 것이 무엇인지 이해하고 그것을 어떻게 전문가의 언어로 표현할 수 있을지 고민하는 자세를 가져야 한다. 위에서 언급한 두 사례에서 보듯이 사용자의 욕구나 바람을 껴안을 수 있는 조금은 느슨한 작가성과 사회성이 결합할 때, 세상을 바꿀 수 있는 공간이 탄생할 수 있다.

참여·소통·협력

학교의 변화를 이끌어 내기 위해서는 참여·소통·협력이라는 세 개의 키워드에 주목해야 한다. 보통 공간을 설계하고 디자인할 때, 생산자가 모든 것을 일방적으로 결정해 버리면 공간 사용자가 불만을 느끼기 쉽다. 그렇기 때문에 사용자가 설계 과정에서부터 참여하여 자신이 원하는 것을 적극적으로 이야기하는 것이 중요하다. 이렇게 공간 사용의 주체가 의사 결정 과정에 참여하는 것을 참여 디자인, 민주적 디자인이라고 한다.

참여는 소통과 협력으로 이어진다. 소극적인 관심이 참여로 바뀌면 이제 사람들은 무엇이 문제이고 어떻게 해야 사용자 스스로 그 해결책을 찾을 수 있을지에 대해 다양한 의견을 나눈다. 이렇게 참여가 소통으로 변화하면 사람들은 공동의 목적을 달성하기 위해 각자 역할을 나누고 서로의 힘을 합치게 된다. 이처럼 협력은 소통을 통해 이루어지고, 소통은 참여로부터 시작되기에 참여와 소통과 협력은 늘 한 묶음으로 이해해야 한다.

우리 주변의 다세대 주택들을 보면 건물 사이에 만들어 둔 벽 때문에 쓸모없이 버려지는 공간이 생기는 경우가 있다. 이를 마을 공동 공간으로 활용할 방법이 없을까? 마을 주민들이 함께 논의해서 당사자들의 합의하에 벽을 허물고, 그곳에 아이들이 함께 놀 수 있는 쉼터 공간이나 작은 마을 정원을 만들 수도 있지 않을까? 이와 마찬가지로 학교에는 버려진 공간, 잘 안 쓰는 공간, 불편한 공간들이 굉장히 많다. 학교의 어느 곳이 이런 공간인지, 그 공간의 문제점이 무엇인지, 우리에게 필요한 것은 어떤 공간인지 등은 학교를 사용하는 주체인 교사와 학생이 가장 잘 안다. 사용자 스스로 자신들이 무엇을 원하는지 목소리를 내고 서로 다른 목소리를 한데 모아서, 그동안 변하지 않던 공간들을 한번 다르게 써 보는 것에서 공간의 변화는 시작될 수 있다. 그렇게 사용자가 주체가 되어 바꾼 공간들을 자신들이 원하는 대로 사용할 때 제도화된 공간으로서 학교가 가진 경직성이 완화될 수 있다.

이쯤에서 놀이터 이야기를 잠깐 해 볼까 한다. 공공 공간이 부족한 노후 주거지 밀집 지역의 놀이터는 그 지역에 있는 어린이집이나 아동 센터, 초등학교 등과 연결되어 지역 사회의 중심 역할을 한다. '아이들의 배울 권리나 놀 권리를 어떻게 보장할 것인가?', '그 권리를 행사할 공간을 어떻게 확보할 것인가?' 하는 질문은 학교 공간을 설계할 때와 마찬가지로 동네 놀이터에도 적용되어야 한다. 이해 당사자의 서로 다른 생각을 모아 아이들의 놀 권리를 보장하는 놀이터를 만드는 일 역시 그 출발점은 사람들의 참여이다.

사용자 참여형 놀이터를 디자인할 때 가장 먼저 하는 일은 놀이 관찰이다. 놀이 워크숍을 열어 아이들이 노는 모습을 관찰하고, 양육자의 의견을 듣기도 한다. 아이들, 양육자들과 함께 질문과 답이 오가는 많은 대화를 나누면서 그들이 꿈꾸는 것이 무엇인지, 그들과 우리가 생각하는 것의 교집합이 무엇인지를 찾아낸다.

경기대학교 대학원 커뮤니티디자인연구실에서 디자인한 서울 중랑구의 세화 어린이 공원 사례를 들여다보자. 이 공원에는 지난 몇 년 동안 찾는 사람이 거의 없는 상태로 방치되었던 놀이터가 있었다. 놀이터를 찾는 아이들이 점차 줄어들자 자연스럽게 놀이 시설물도 철거되어 빈터로 덩그렇게 남겨진 곳이다. 놀이터 인근에는 어린이집이 하나 있었는데, 그곳의 아이들 역시 놀이터가 방치된 뒤로는 무서워서 그곳에 가기를 꺼려 했다. 그 놀이터 외에는 주변에 야외 활동을 할 만한 공간이 없었기에 해당 유치원의 아이들은 야외 활동을 전혀 할 수 없는 상황이었다. 이곳 아이들의 놀 권리를 찾아 주는 일이 시급했다.

우리는 먼저 어린이집과 지역 아동 센터의 아이들에게 방치된 놀이터를 다시 정비하는 일이 필요한지를 물었다. 그리고 빈터의 나무와 돌덩이를 이용해 임시 놀이 시설물을 설치해 두고 아이들이 이 공간에서 어떻게 노는지를 관찰했다. 매개체만 주어지면 아이들은 상상력을 발휘한다. 고무공을 넣은 그물망을 나무에 매달아 놓았더니 아이들은 이것을 그네처럼, 혹은 해먹처럼 이용하며 다양한 놀이를 고안했다. 이러한 아이들의 특성을 살려 본격적으로 놀이터 설계에 들어가려는데 한 가지 문제가 있었다. 이 빈터에 제대로 된 놀이터가 만들어지는 것과 별개로 아이들에겐 당장 놀 공간이 필요했다. 방법을 고민하던 우리는 방치된 놀이터의 빈 바닥에 주목했다. 아이들이 놀이를 할 수 있도록 페인트를 사서 아이들과 함께 바닥에 여러 가지 모양의 그림을 그려 넣었다. 그랬더니 아이들은 바닥에 그려진 그림을 토대로 자신들만의 놀이를 고안하여 놀았다. 놀이가 가능한 바닥 그림을 스스로 그렸다는 사실만으로 아이들은 이 공간의 주인이 되었다.

바닥의 변화만으로도 아이들이 충분히 즐겁게 논다는 사실은 학교 공간 혁신과 관련해서도 시사하는 바가 크다. 꼭 많은 비용을 들이지 않더라도, 얼마든지 학생들에게 즐거운 공간을 만들 수 있는 것이다.

바닥에 여러 가지 모양의 그림이 그려져 있는 서울 중랑구 세화 어린이 공원. 버려진 빈터를 주민들과 함께 재정비해 문을 연 이곳에서는 매년 동네 주민들이 함께 참여하는 축제가 열린다.

이 놀이터가 개장될 때, 아이들은 "여기는 내 놀이터야!"라고 어른들에게 선언했다. 어른들이 만들어 줘서 쓰는 게 아니라 내가 직접 이 공간을 상상하고 그리고 함께 만들었다는 것이 이러한 주인 의식을 키운 것이다. 주인 의식은 공간과 사용자들을 더욱 가깝게 만들고, 사용자들의 자기 주도성도 강화한다. 이것이 공간 혁신에서 참여가 중요한 까닭이다.

학교의 변화가 사회의 변화로

마을로 열린 학교, 마을을 품은 학교

서울 장안평의 장한부모커뮤니티는 오랜 기간 이 지역에서 어린이집을 다닌 아이들의 부모들이 모여 만든 커뮤니티다. 처음에는 몇몇 부모들이 모여 맞벌이 부모로서 육아를 하며 겪는 어려움을 공유하고, 아이들이 동네 친구를 만들지 못하는 상황을 어떻게 개선할 수 있을지 고민하는 것으로 시작했다. 그러다가 조금씩 사람이 늘고 커뮤니티가 커지면서 다양한 프로그램을 진행하기 시작했다. 그중 대표적인 것이 '아빠 프로젝트'다. 직장 생활로 늘 바쁜 아빠와 아이들의 관계를 회복하기 위한 활동으로, 여기에 참여하는 아빠들은 일주일에 한 번 일찍 퇴근해서 자신이 직접 요리한 음식을 아이들과 함께 먹기도 하고, 아이들에게 책을 읽어 주기도 한다.

다양한 활동을 하며 자리를 잡은 부모 커뮤니티는 이번에는 통학로에 관심을 갖기 시작했다. 그들의 자녀가 하루 중 가장 많은 시간을 보내는 곳이 학교이기 때문이다. '우리 아이들이 학교로 가는 길은 과연 안전한가?'라는 고민 끝에 서울시 마을 공동체 주민 공모 사업에 마을 결합형 학교 프로젝트 '난, 우리 동네 행복한 골목 디자이너'를 제안했다. 이 프로젝트에는 시민 단체뿐만 아니라 중·고등학교 학생들이 자원봉사자로 참여하여 초등학교 아이들과 함께했다. 아이들은 카메라를 들고 청소년 자원봉사자들과 함께 답사를 나갔다. 그리고 통학로 주변에 있는 위험한 시설물, 자신들이 좋아하는 공간이나 없어지지 않았으면 하는 공간 등을 하나하나 사진으로 담았다. 답사가 끝나고 교실로 돌아온 아이들은 답사 결과를 다른 사람들과 공유하는 시간을 가졌다. 마을의 지도를 펼쳐 놓고 손가락으로 짚어 가며 자신이 찍은 사진 속 장소들을 설명했다. 이러한 과정을 거쳐 아이들의 생각이 담긴, 아이들이 꿈꾸는 골목길이 탄생했다.

다음으로 소개할 곳은 인천 서구 가좌동의 청소년 인문학 도서관 느루이다. 2011년에 개관한 이곳은 지역 사회의 아이들이 모일 수 있는 공간을 만들자는 생각으로 주민들이 직접 돈을 모아 마련한 공

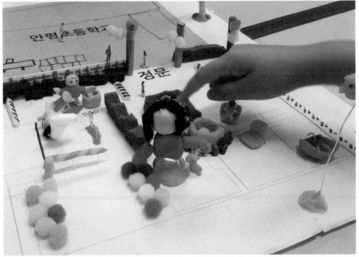

∧ 행복한 골목을 만들기 위한 프로젝트에 참여해 통학로를 답사하는 학생들.
∧ 답사를 끝내고 교실로 돌아온 학생들이 답사 결과를 다른 사람들과 공유하고 있다.

인천 서구 가좌동에 소재한 청소년 인문학 도서관 '느루'. 청소년들이 스스로 삶의 가치를 찾을 수 있는 공간을 만들자는 여러 사람의 바람이 모여 탄생한 공간이다.

간이다. 느루는 사람과 사람 사이를 잇는 가치가 세상을 변화시킬 수 있는 힘이며, 그 중심에 청소년들이 있다는 믿음으로 청소년 운영 위원회를 통해 청소년들이 운영에 참여한다.

지역의 여러 청소년들이 이곳에 와서 또래들을 만나고 동아리 활동을 하며 미래를 구상한다. 이 외에도 책을 읽거나 공연을 하기도 하고 친구들과 함께 컴퓨터 게임도 즐긴다. 느루에는 한쪽에 작은 게임방이 마련되어 있다. 이곳에서 아이들은 또래 친구들과 모여 집에서는 눈치 보여 하기 힘든 컴퓨터 게임을 정해진 시간 동안 즐기며 자유로움을 만끽한다. 아이들의 놀고 싶은 욕망이 자연스럽게 분출되니, 그 욕망은 생동감 넘치는 긍정적인 에너지가 된다. 느루에서는 이러한 에너지가 책과 인문학에 대한 관심으로 이어질 수 있도록 돕는다. 느루에는 청소년들이 운영에 참여하는 카페도 있다. 최근에는 카페에 주방 시설을 갖춰 식당으로 바꿨다. 미래 셰프를 꿈꾸는 청소년들이 이곳에서 요리를 하고, 그 요리를 판매해서 낸 수익을 느루의 운영 기금으로 쓰기도 한다.

앞으로 학령 인구의 감소로 인해 학교 공간의 상당 부분은 잉여 공간이 될 수 있다. 학교가 폐쇄적인 공간으로 남는다면 이런 변화에 대응할 방도가 없다. 지역 사회를 향해 학교가 활짝 열린다면 마을의 공간이 학교와 연결되어 아이들이 마을과 학교를 넘나들며 안전하고 행복한 생활을 누릴 수 있을 것이다. 학교의 역할 변화뿐만 아니라 인천 가좌동 느루의 사례처럼 '학교 밖 학교'의 역할을 민간 주도로 활성화하는 일도 중요하다. 제도화된 공간인 학교의 한계를 지역 사회에서 민간이 주도하는 작은 비영리 공간들이 메꿔 나간다면 학생들의 다양한 욕망이 좀 더 건강하게 발산될 수 있을 것이다.

아이들과 지역을 잇는 커뮤니티 학교

지역 사회가 학교와 결합되는 것을 '커뮤니티 학교'라고 일컫는다. 일반적으로 커뮤니티 학교의 유형은 지역 사회와 얼마나 적극적으로 관계를 맺고자 하는가에 따라서 세 가지로 나눌 수 있다. 첫 번째는 학교와 지역 사회가 일정 시설이나 교육 프로그램만 공유하는 유형이다. 가장 소극적인 방식이라고 할 수 있다. 두 번째는 지역 사회가 학교 안에 들어간 유형이다. 이 경우 지역 사회와 학교는 긴밀하게 협력하며, 지역 사회가 학교 운영이나 교육 프로그램에 적극적으로 참여한다. 마지막은 지역 사회가 주체가 되어 학교를 설립하고 운영까지 하는 유형이다. 이러한 유형은 지역 사회와 학교가 명확히 구분되지 않는다. 학교 안에 지역 사회가 있고 지역 사회 안에는 학교가 있는 식이다. 이렇게 학교와 지역 사회가 하나로 뭉쳐진 것을 학사 융합이라고 한다.

학사 융합이 활발하게 이루어진 사례는 일본에서 많이 찾아볼 수 있는데, 일본 지바현의 아키쓰초등학교가 그중 하나이다. 이 학교도 처음에는 단순한 학사 연계, 즉 지역 사회와 학교가 필요한 만큼만 소극적으로 연계하는 정도로 시작했다. 지금은 학교 만들기, 마을 만들기, 아이 키우기라는 세 가지 과제를 지역 사회와 학교가 서로 협력하여 수행하며 상생하는 학사 융합의 단계로 발전했다. 아키쓰초등학교는 학사 융합 교육 과정에 강사나 교육생으로 참여할 다양한 주체들을 발굴하는 등 지역 사회와 학교 모두를 위한 가치를 만들어 내는 일을 하고 있다.

이 학교의 학사 융합 프로그램 가운데는 '사람을 매우 좋아하는 교류 활동'이라는 게 있다. 이 프로그램은 연간 50~100시간가량 운영되는데, 학교 학생들과 약 2만 명의 지역 주민이 참여한다. 예를 들어 5학년 학생들이 연간 65시간 참여하는 논매기 활동의 경우, 학생들은 지역 주민들의 도움으로 모심기·추수·탈곡 등의 과정을 현장에서 체험하고, 농기구·논농사 및 식량의 중요성 등을 이해하게 된다. 마을에서의 삶을 하나의 교과 과정이자 교육 프로그램으로 운영함으로써 학교와 마을이 하나가 되는 진정한 학사 융합을 이룬 것이다.

이러한 학사 융합은 학교 시설 개방으로 이어졌다. 학교가 지역 주민들에게 학교 시설을 개방하면서 학교 내에 지역 주민들이 다양한 공동체 활동을 할 수 있는 커뮤니티 룸이라는 공간이 생겨났다. 이 커뮤니티 룸은 지역 주민들이 자율적으로 관리한다. 시설 개방이 이루어지자 그다음으로는 교육이 개방됐다. 지역 주민들의 여러 모임이 학교로 들어와 교육의 주체로서 아이들과 교육 프로그램을 함께하게 된 것이다. 이는 주민들의 평생 학습도 가능하게 되었음을 의미한다.

학교가 교사와 학생만의 공간이라는 인식을 넘어 지역 사회와 함께하는 학사 융합의 공간으로 학교를 만들어 가려는 시도가 필요하다. 지역 사회와 학교가 하나로 융합되면 모두가 주인 의식을 갖게 되어 범죄가 없어지고 지속 가능한 마을로 성장할 수 있다. 학교가 즐겁고 마을이 행복해져서 등교를 거부하는 아이들이 사라지게 되는 것도 학사 융합의 소중한 가치다.

아이들의 사회성을 키우기 위해서는 먼저 자신의 생활 공간인 지역 사회에 관심을 갖게 해 주어야 한다. 이는 지역 사회와 연대할 수 있도록 학교 밖 활동의 가능성을 열어 주는 것으로 가능하다. 문제 해결을 위해 청소년으로서 자신들이 할 수 있는 역할이 무엇일지를 고민하고, 자신들이 떠올린 아이디어들을 지역 주민과 함께 직접 실행해 볼 수 있는 기회를 제공할 필요가 있다. 이런 과정을 통해 사회성을 키운 학생들은 사회 변화를 만들어 나가는 주역으로 성장하게 된다.

학교 밖 공간 교육

학교가 지역 사회와 결합할 때 문화·예술과 건축이 굉장히 중요한 역할을 한다. 문화·예술이 프로그램으로서 학교와 지역 사이를 잇는 매개체 역할을 한다면, 건축은 우리의 일상적 공간을 다루고 변화시킨다. 아이들의 안전한 통학로나 놀이 공간처럼 생활은 공간과 밀접하게 연관되어 있다. 내가 살고 있는 집의 문제, 더 나아가 마을이나 도시 환경의 문제에 이르기까지, 아이들이 공간에 대한 사고를 스스로 할 수 있도록 도와주는 학교 밖 학교의 역할이 필요하다.

문화·예술 콘텐츠가 공간 콘텐츠와 결합하면서 아이들이 공간 환경을 이해하도록 돕는 학교 외부의 협력 교육 기관들의 역할이 다양해지고 있다. 대표적인 것이 건축 학교다. 아이들을 대상으로 하는 건축 학교는 우리나라를 비롯해 일본, 핀란드, 네덜란드 등에서 활발하게 운영되고 있다. 핀란드는 지역의 박물관이나 아트 센터, 음악 클럽 등 다양한 문화·예술 기관과 민간 단체가 운영하는 건축 학교, 지역 예술 학교 등이 네트워크로 연결되어 있다. 지역의 예술 학교나 건축 학교가 박물관이나 미술관 등의 기관과 결합하여 학교와 함께 다양한 프로젝트들을 진행한다. 더 나아가 공간 교육을 담당하는 민간 건축 학교에서는 지역의 민감한 개발 이슈에 학생들이 참여할 수 있는 기회를 부여하여, 지역 사회 및 해당 관청과 함께 논의하게 한다.

핀란드의 건축 학교의 고학년 교육 프로그램을 살펴보자. 인근에 새로운 도로를 부설할 계획이 있는 경우 학생들은 과연 그 도로가 주민들의 일상생활에 도움을 줄 것인지, 아니면 피해를 끼칠 것인지를 따져 보는 작업을 진행한다. 서로 다른 관점으로 이슈를 찾고 분석한 뒤, 학생들은 주민을 인터뷰하는 작업 등을 통해 예측 가능한 문제점들을 기록한다. 이 결과물을 해당 시청의 공무원들에게 전달한다. 그러면 담당 공무원들은 향후 도로를 부설할 때 학생들이 제기한 문제를 다시 한번 살펴보게 된다. 이러한 협동 프로젝트를 통한 학생들의 관찰 및 사회 문제에의 적극적인 참여가 도시 공간이나 생활 공간을 바꾸는 데 실제로 기여하는 것이다.

일본의 경우 세계적인 건축가 이토 도요가 운영하는 어린이 건축 학교가 대표적인 사례로 꼽힌다. 이토 도요의 어린이 건축 학교 운영 철학을 살펴보자. 그는 아이들의 상상력 안에는 늘 희망이나 행복이 담겨 있는데, 아이들이 성장해 어른이 되면 어느 순간 이러한 긍정적 요소를 잃게 된다는 것에 주목한다. 그래서 "왜 어른들은 희망이나 행복, 상상력을 잃어버리게 된 걸까요?"라는 질문을 던진다. 어린 시절의 꿈과 희망을 잃은 어른들이 아이들을 통해서 배우는 게 바로 이 어린이 건축 학교이다. 아이들이 '우리 동네를 이렇게 바꿨으면 좋겠다'고 할 때 아이들의 상상 안에는 그 마을의 희망이나 행복이 담겨 있다. 이토 도요의 건축 학교는 어른들이 마을이 행복해질 수 있는 방법을 아이들이 펼쳐 낸 상상력 안에서 배우고 찾아낼 수 있게 한다. 어린이 건축 학교지만 어린이만을 위한 학교가 아니라 어른이 함께하는 학교인 것이다. 이 외에도 대학 교수나 대학원생, 지자체 등이 어린이 건축 학교에 참여하여 지역 사회의 현안을 아이들과 함께 고민하기도 한다. 그러한 과정을 거쳐 만들어진 결과물들이 지역 사회로 되돌아가고, 또 지역에서는 아이들이 행복하게 지내고 상상력을 키워 갈 수 있도록 행정적으로 지원하는 선순환이 이루어진다.

미래를 여는 공동체

학교 공간 혁신은 시설을 물리적으로 바꾸는 것으로부터 시작되지 않는다. 학교 공간에 대한 고정 관념을 버리고 '이 공간은 왜 이렇게 쓰여야 할까?'라는 의문을 품는 데서 혁신은 시작된다. 영화 「죽은 시인의 사회」에서, '캡틴, 오 마이 캡틴'이라고 불리기를 원했던 키팅 선생님은 학생들에게 틀에 박힌 학교 교육에서 벗어나 철저하게 나 자신을 찾으라고 이야기한다. 어느 날 키팅 선생님은 갑자기 책상 위에 올라서서 학생들에게 말한다. "내가 책상에 올라선 이유는 여기에 올라서면 사물이 다르게 보이기 때문이야. 너희도 세상을 다르게 보려면 나처럼 책상 위에 올라서 봐." 사물을 바라보는 자신의 시선을 바꾸는 것, 여기서부터 변화는 시작된다. 공간을 물리적으로 바꾸지 않더라도 우리는 얼마든지 공간을 다르게 쓸 수 있는 잠재력을 갖고 있다.

최근에는 많은 학교의 학생들이 뜻을 같이하는 친구들과 교실에 모여 동아리 활동을 한다. 가령 연극 동아리의 경우, 친구들과 이야기해 보고 싶은 사회적 이슈를 주제로 시나리오를 짜서 연극을 선보인다. 이때 교실은 단순히 수업이 이루어지는 공간이 아닌 연극을 준비하고 시연할 수 있는 공간으로 존재한다. 소프트웨어가 하드웨어를 바꿔 낸 것이다.

학교의 변화는 개별 실 단위의 내부 공간을 바꾸는 데에만 한정되어서는 안 된다. 변화의 궁극적인 지향은 마을을 향해 열린 학교, 그리고 학교를 품은 마을이 되는 것에 맞추어져야 한다. 이를 위해서는 학교라는 경계를 허물고 마을과 어떻게 소통하고 협력할지를 고민하는 것이 중요하다. 그리고 학교를 지역 사회에 존재하는 다른 공간과 어떻게 연계할 수 있을지 큰 그림을 그리는 것도 필요하다. 우리 사회에는 학교 공간뿐만 아니라 다양한 행정 공간, 문화·예술 공간, 시민 자치 공간 등 많은 공간이 있다. 그런데도 기존의 공간은 구태의연하다고, 혹은 혁신의 가치에 맞지 않는다고 하며 또 다른 공간을 만든다. 이미 존재하는 공간에 내재된 가치를 우리의 삶과 연결하려는 것이 공간을 자꾸 만들어 내는 것보다 혁신에 가까운 태도이다.

학교 공간의 혁신을 통해 마을을, 더 나아가 우리 사회를 변화시키기 위해서는 구성원 모두가 사회적 문제에 관심을 갖고 그것을 해결하는 데에 적극적으로 참여하는 일이 중요하다. 사회 문제의 해결을 위해 머리를 맞대고 각자가 지닌 잠재적 가치를 연결할 때 학교와 마을은 하나의 공동체가 된다. 그리고 이러한 공동체의 힘은 세상을 바꾸는 동력이 될 수 있다. 최근 우리 사회에는 삶이 있는 학교, 사람들의 다양한 가치를 담아 낼 수 있는 학교를 만들기 위해 노력하는 사람들이 점차 늘어나고 있다. 이러한 흐름 속에서 살기 좋은 세상, 모두가 함께 살 수 있는 세상, 그리고 함께 살아서 행복한 세상으로 나아갈 수 있는 힘은 학교에서부터, 그리고 아이들로부터 만들어 낼 수 있지 않을까.

| 사진 출처 |

1부

12, 22쪽 서울안평초등학교
19쪽 홍경숙
33쪽 광주극락초등학교

2부

46, 68쪽 아스팔트아트
54, 67, 70~71쪽 편해문
56쪽 순천시
65쪽 서울신현초등학교
78쪽 시흥시

3부

86쪽 서울삼양초등학교
89, 90쪽 박상철
97, 100~101, 103, 105, 111쪽 천동훈

4부

120쪽 호평중학교
128, 130~131, 133, 134, 137, 140~141,
143, 147쪽 천동훈

5부

156, 166~167쪽 노경, 네임리스 건축
161쪽 공일스튜디오
163~164쪽 용남중학교
176, 181쪽 김태은
180쪽 김영주
188쪽 김찬미

6부

196, 198, 212, 215쪽 이영범
204쪽 노경, 네임리스 건축
206쪽 후지유치원, 테즈카 건축사무소
216쪽 느루

가고 싶은 학교 만들기 프로젝트
학교 공간, 어떻게 바꿀 수 있을까?

초판 1쇄 발행 • 2019년 6월 19일
초판 9쇄 발행 • 2022년 6월 14일

글쓴이 • 홍경숙 편해문 배성호 이승곤 김태은 이영범
펴낸이 • 강일우
편집 • 황수정 김은주 김정희
조판 • 이주니
펴낸곳 • (주)창비교육
등록 • 2014년 6월 20일 제2014-000183호
주소 • 04004 서울특별시 마포구 월드컵로12길 7
전화 • 1833-7247
팩스 • 영업 070-4838-4938 / 편집 02-6949-0953
홈페이지 • www.changbiedu.com
전자우편 • textbook@changbi.com

ⓒ 홍경숙 외 2019
ISBN 979-11-89228-47-7 03370